# 確実に極める！
# 柔道 固め技 必勝のコツ55

国士舘高等学校柔道部監督
柔道八段
岩渕公一 監修

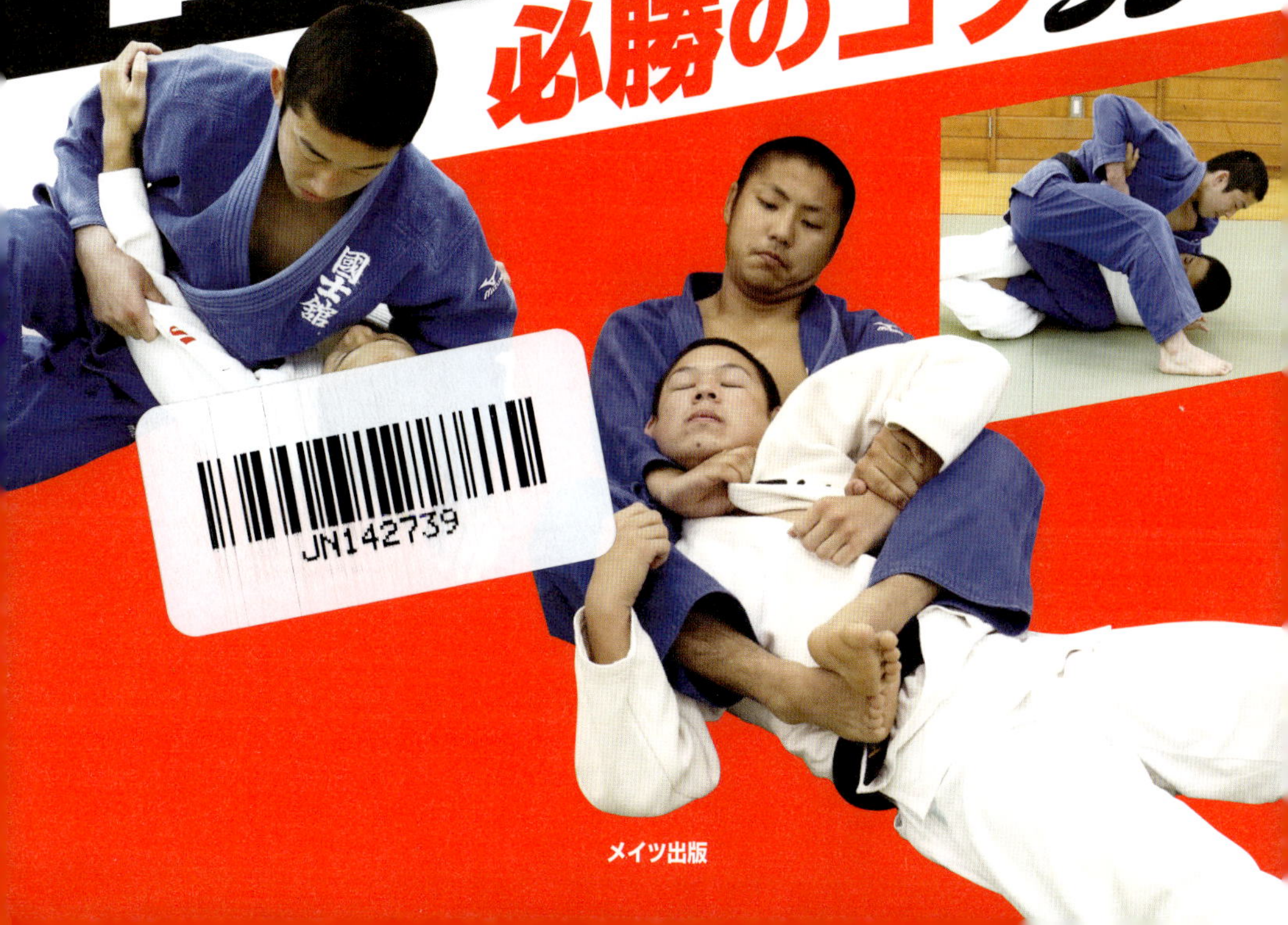



メイツ出版

# はじめに

オリンピック等の柔道競技を見てもわかるとおり、現在、日本の柔道が寝技を必要としています。全日本柔道連盟でも「特に中高生の場合、寝技の真剣な練習に取り組もう」という方向性が打ち出されているところです。最初は寝技でどのように入ったらいいのか、どのように攻めたらいいのか分からないかもしれません。中学生なら中学生のうちに、高校生なら高校生のうちに、ひとつのパターンでもいいので、相手がこのように逃げたらこのように抑えに行く、といったような流れがつかめて、かつ、自分の得意技として試合で抑込めるまでになることが大切です。そして、逃げてばかりいるのではなく、仰向けに返って攻撃できるような寝技にすることが重要です。この目標を持ち、真剣に練習に取り組んでください。

次に、柔道では、立ち技で投げても一本ですが、寝技で抑えても、あるいは関節を極めても一本なので、立ち技からの連携も覚え、強化していくことが大切です。実際の試合では、自分が一本だと思っても、本当に一本が取れているとは限りません。そのため、投げた後も、すぐに抑込に行く必要があります。この連携ができないと、一本を逃すことになるかもしれません。逆に、自分が倒されたとしても、不利な状態から攻めに転じて一本を取る姿勢が重要です。

寝技の練習は妥協しがちです。しかし、お互いが妥協せずに練習を積み重ねることで、寝技のみならず、立ち技も含めた柔道そのものが、必ず上達していくはずです。

近年、柔道では寝技がおろそかになっている傾向にあります。本書が、先人が創意工夫して築き上げてきた寝技を、もう一度見直すきっかけとなってなってくれることを願います。

岩渕公一

## —目次—

第一章
# 上から攻めて抑込む ―― 7

# —目次—

## ―目次―

## —目次—



※本書は2013年発行の『もっと強くなれる！勝つ柔道　固め技のコツ55』を元に加筆・修正を行っています。

第一章

# 上から攻めて抑込む

柔道の試合で、もっとも多く見られる上下からの寝技の攻防。自分が上になった場合、そこからいかにして攻め、抑込まで持ち込むのか、さまざまな技術を解説していく。

流　れ

横四方固
（上からの攻め）

No.01

# 横四方固は
# 相手との距離を取りながら
# 膝を立てて抑えにいく

試合中、相手が仰向けになり、その状態から抑込に移行させたいという場面がよくある。そのようなときは、時間をかけてしまうと、逆に相手に関節技で攻められてしまったり、逃げられてしまう可能性が高くなるので、まずは素早く攻めることを意識しておこう。

また、絡められた足を抜くことができず、「待て」がかかってしまう場面も多く見受けられるが、これを防ぐには、**相手との距離を取ると同時に、膝を立てて攻める**ことが重要だ。そして上半身を極め、横四方固で抑込もう。

帯よりも上に顔を置く

POINT 1
## 足を外して素早く密着し帯より上に顔を置く

仰向けの相手を抑えにいくときは、まず相手の膝を持って抑えながら片足を抜こう。足が抜けたら素早く相手を引きつけて密着するが、このとき大切なのは、相手の帯より自分の顔が上にくるようにすることだ。その上で、道着の裾または帯を握って引き付けることだ。

膝を立てておく

POINT 2
## 残した脚の膝を立て足首だけに絡ませる

相手に密着したら、相手の足の間に残した脚を、深く絡まれないようにする。そのためには残した側の脚をなるべく相手から遠くに置き、かつ素早く膝を立てておくことが重要だ。こうすることで、相手に足首にしか足を絡めなくさせることができる。この状態で上を極めにいく。

腰を折り体を
くの字にする

POINT 3
## 横移動して遠くに腰を落とし足を抜いて抑込む

体を横移動させるようにして、相手から離れた位置に腰を落とそう。相手の頭と平行になるくらいの位置だと、絡まれている足が伸び、抜きやすくなる。そのためには、腰を折って体を写真のように「く」の字に曲げる。あとは下の足で相手の膝を蹴りながら腰を引いていけば、足が抜ける。

アドバイス
## 体側に沿った帯を取る

POINT 1で相手の裾または帯を握ると解説したが、このときは、相手の横、体側に沿った部分を握ることが重要だ。相手に密着したときは、絡まれている足と自由になっている足の膝で、相手の足を挟み、殺しておこう。

## 流れ

横四方固
（上からの攻め）

No.02

# 上から横四方固で抑えにいくとき、体の間に手を入れてきたら頭で押さえて抑込む

No.01では、仰向けになった相手に対して、上から抑込みにいく基本的なテクニックを解説したが、相手がいつも同じように動き、防御するとは限らない。

よくある抵抗の方法として、相手の腕を抱くことができなかった場合などで、密着した体の間に手を入れてこようとするものがある。このような場合、腕を入れられてしまっては、返されてしまったり逃げられてしまう可能性が高くなるので、**腕で体を引き付けて密着させ、顎を引き、頭で腕の侵入を防ぐ**必要がある。

## POINT 1
### 素早く入り残る脚の膝を立てる

No.01同様、上から抑込にいくときは、片足を外し、素早く体を密着させることが重要だ。No.01でも解説したとおり、相手の体側付近の裾または帯を握って引き付けると同時に、残している脚の膝を立てておく。ここでは悪い例として、膝を立てずに二重絡みされた写真を掲載しておく。

## POINT 2
### 頭で相手の腕の侵入を阻止し相手の顔の高さに尻を置く

相手が体と体の間に腕を入れて逃げようとすることがある。腕を入れられると、逃げられる、または返させる危険があるので、頭を相手の胸に密着させるようにして、腕の侵入を阻止しよう。そして、そのまま横移動しながら、腰を相手の頭と平行になるくらいの高さに落とす。

## POINT 3
### 相手の足に当てた足を蹴り足を抜いて抑込む

頭で相手の腕の侵入を阻止している間に、横移動で相手と離れた位置に腰を落としたら、No.01同様、下の足で相手の足を蹴り、絡まれている足を抜いてしまおう。ここまでできたら、相手と胸を合わせ、横四方固に持ち込もう。胸を張り、相手の股を取っている腕を押し込み、相手を抑込む。

## アドバイス
### 横移動しながら膝を蹴る

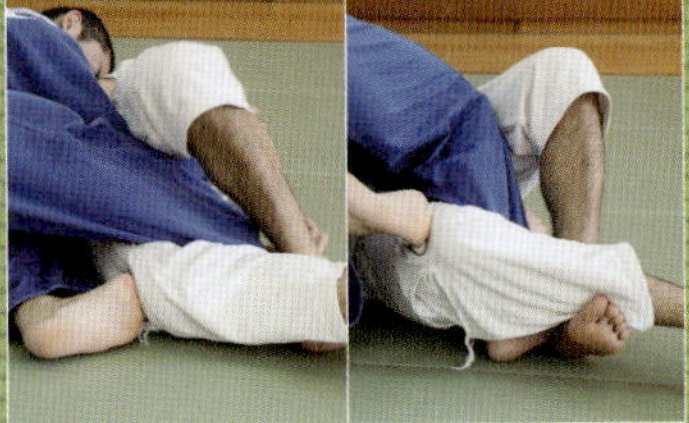

足を抜くとき、No.01と同じ方法で、つまり一旦体を横移動で落とした後、下の足を相手の膝に当てて蹴り落とした。しかし、写真のように、横移動するのと同時に下の足を相手の膝に当て、蹴りながら相手から体を離していく方法もある。

## 流れ

## 横四方固（上からの攻め）

No.03

# 横四方固で抑えにいくとき、相手に手を取られたり肩を押されたら上から手首を取り直して切る

横四方固に入ろうとしたとき、相手がそれを嫌がり腕で肩を押してきたり、手を取りにくることがある。

相手に手を取られたら、**手首を内側から回して相手の手首を上から握ろう**。そして**相手の体側に付けるように引いて**やれば、相手は押してきているので、比較的簡単に押しつけることができる。その上で膝を当てて腕を切ってしまえば、相手の片腕を極めることができ、抑込に入りやすくなる。その上で上体をしっかり極めてしまえばいい。

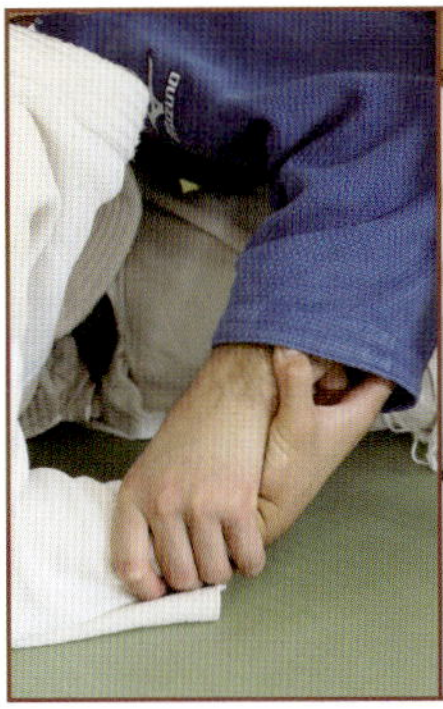

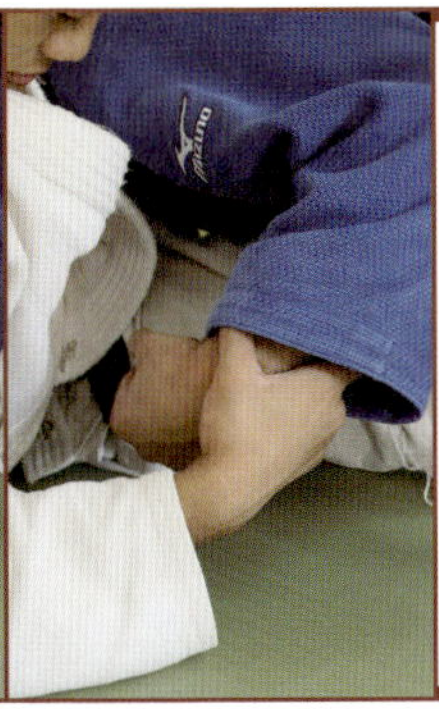

## POINT 1 手を取られたら上から取り直す

足を抜き、体を密着させようとしたとき、相手がそれを嫌がりこちらの手を取ってくる場合がある。このようなときは、手首を内側から回すようにして、逆に上から相手の手首を握り返してしまおう。肩を押してくるような場合も、同様に上から相手の手首を取ってしまおう。

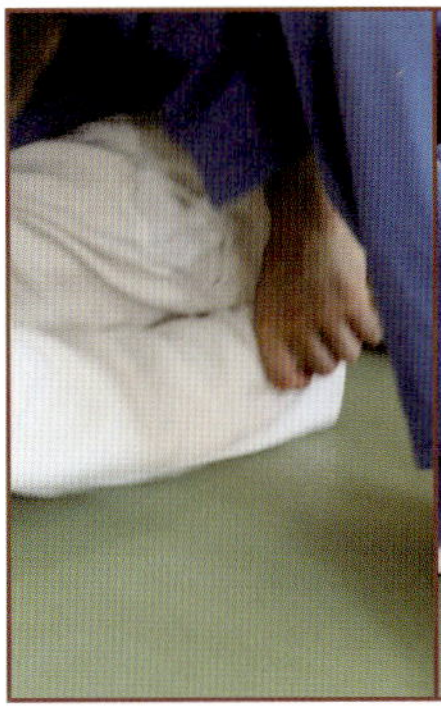

膝を当てて切る

## POINT 2 相手の体側に手を付けて膝で切る

POINT 1で、相手の手首を取ったら、よほどの力の差がない限り、相手より強い。瞬時に引いて、腕を相手の体側に着けてしまおう。そして写真のように膝を腕に当てて殺してしまえば、簡単に相手の手を切ることができる。切った腕は、そのまま膝を当てて殺しておく。

## POINT 3 体を「く」の字にして足を抜く

POINT 2の状態まで持ってきたら、あとは№01、02でも行ってきたように、体を横移動させて相手との距離を取る状態を作り出そう。足が伸び、体が「く」の字に曲がっていること、腰が相手の頭と平行の位置にあることに注意し、相手の足を蹴って足を抜き抑込もう。

### アドバイス 膝を使って腕を上げさせる

POINT 3で横移動するとき、2で殺していた相手の腕と脇腹の間に膝を割り込ませ、足の力を使って腕を開かせながら腰を落としていく方法もある。この方法を用いれば、相手の腕が体と体の間に残ることもなく、腕を上げさせられるので、抑込をより確実なものとさせることができる。

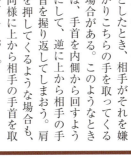

## 横四方固（上からの攻め）

No.04

# 体の大きな選手が小さい選手を横四方固で抑込むときは、帯を上から取って引き付ける

自分よりも体格の小さい選手を寝技で抑込むときは、体格が大きい分だけ有利ではあるが、逆に相手との隙間が生じやすいともいえる。つまり、その分だけ圧力がかけにくくなる、ということだ。

そこで、小さい相手を上から抑込みにいく場合、上体は首を抱えるのではなく、体格差を生かして、**相手の肩から腕を回し、帯を取ってしまおう**。こうすることで隙間を作ることなく、胸を合わせて圧力を加えられる。その上で、もう一方の腕でも帯を取り、仰向けにさせれば相手は逃げられない。

流れ

## POINT 1 腕をすくって帯を取る

本来なら上体を先に極めてしまうのが抑込の基本だが、体格差がある場合は、相手の下半身側の腕で相手の腕を一旦下からすくって引き付け、もう一方、肩側の腕を相手の肩から回し、帯を取ってしまおう。帯を取れば、他の場所を取るよりも数段強い。体格差ならではの極め方だ。

## POINT 2 もう一方の腕でも相手の帯を握る

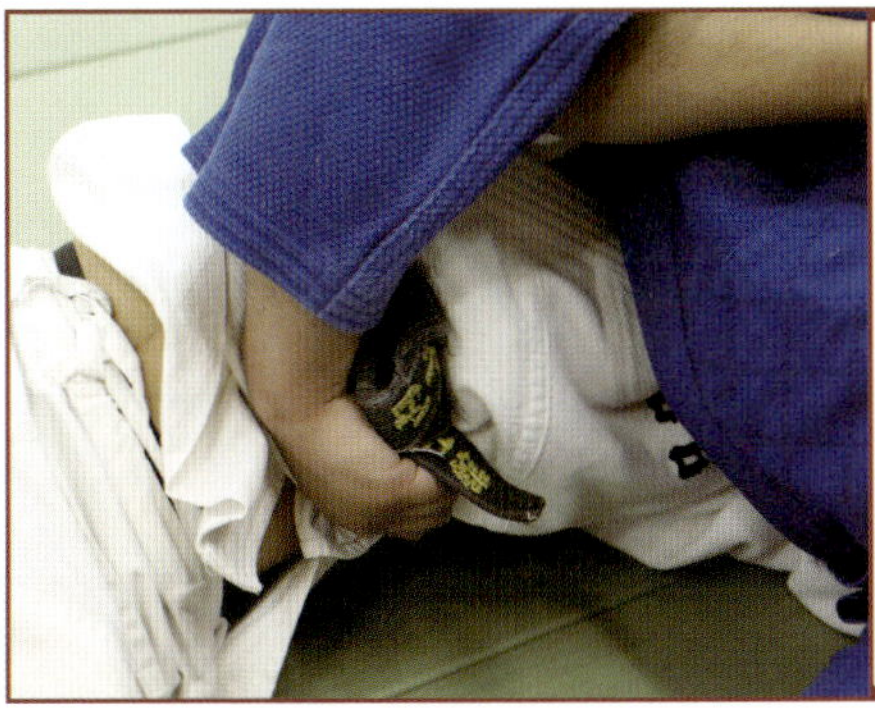

相手を引き付け脇を締めながら、もう一方の腕でも相手の帯を握ってしまおう。握る位置は相手の体側よりも深い位置（背中側）であればあるほど効果的だ。このように帯を取っていれば、相手に逃げられることもないし、逆に返されてしまうのを防ぐこともできる。

## POINT 3 絡んだ足を抜き上体で相手を返す

№01から再三解説しているが、上から抑込むときの基本は、相手から遠い位置に腰を落とすこと。その上で、足を抜き、横四方固で相手を抑込もう。POINT 2で上から帯を取った手は、相手の股に移動させてしっかり張って押し付け、胸を合わせて張れば相手はほぼ動くことができない。

### アドバイス 相手の帯を取る効果

POINT 2で上から帯を取るが、相手は返そうとして腕を差し込んでくるはずだ。脇を差されても腕を絞ってしまえば、相手の腕を制することができる。同時に、返ろうとする動きも、帯を取っていることで制し、押し戻すことができる。

流れ

## 袈裟固（上からの攻め） No.05

# 絡まれている足を外したとき、足首で相手の太ももを止めれば足を絡まれずに抑込める

仰向けの相手に対し、特に相手との距離がある状態から上から抑込に入る場合の、効果的な攻め方を解説しておこう。

相手の足を外すまでは、これまで同様だが、外したあと、**足首の角度を使って相手の太ももを止めてしまう**、というものだ。その上で片襟のように腕と襟を持って引き付け、相手の上半身を浮かせてしまおう。こうしてしまえば、相手を制したも同じこと。そのまま体を滑り込ませるようにして袈裟固で抑込んでもよし、横四方固で抑込みにいってもいい。

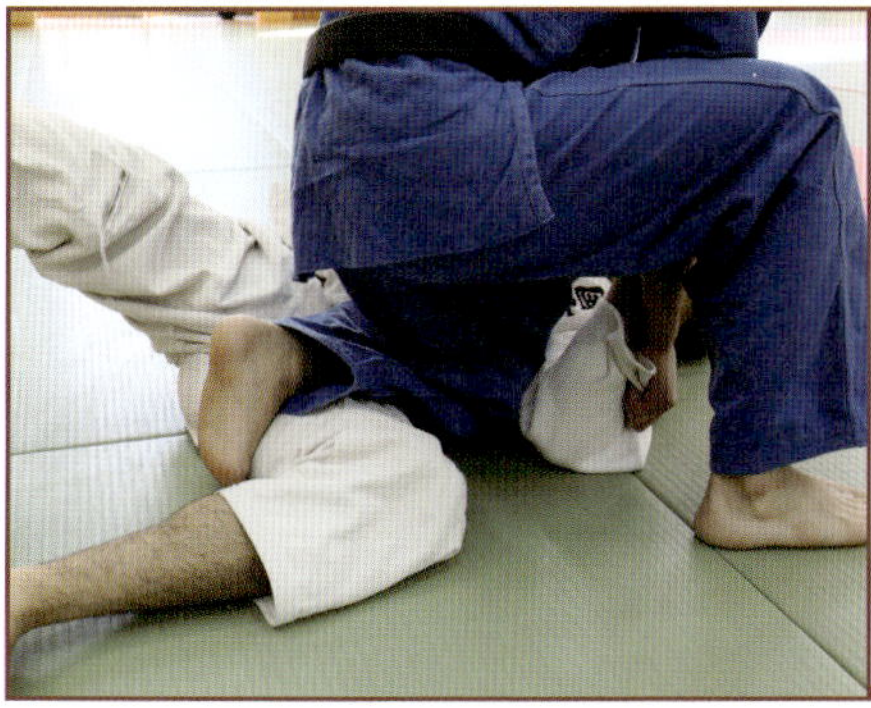

## POINT 1 足を外したら両脚を割って入る

これまで解説してきたように、まずは相手の足を外して足を抜こう。足が外れたら、素早く移動して、写真のように内側に残っている側の足の脛と足の甲の角度を利用して、足首を相手の太ももの付け根部分に当て抑えてしまう。前足はなるべく前方に着地させておこう。

## POINT 2 脇を締め相手を引き付ける

POINT 1の動きと平行して、相手の太ももを止めながら、素早く相手の腕と襟を片襟のように取り、畳から浮かせるように引き付けてしまおう。ここまで引き付けてしまえば、逆に引き付けられ返されてしまうこともない。襟を取っている脇を締めておけば、足を入れられることもない。

## POINT 3 体を滑らせ袈裟固反転させ横四方固

POINT 2の状態まで持ち込めたら、素早く抑込に移行しよう。この状態からであれば、体を滑らせるようにして袈裟固に移行させるのがスムーズだ。また、体を滑らせながら反転し、袖を取っている腕を相手の首に回し、襟を取っている腕で股を取れば、横四方固に移行させられる。

### アドバイス 引き付けが弱いと返される

POINT 2の状態のとき、自分の引き付けが弱く、相手の背中が畳から離れていないようでは、逆に相手に引き付けられてしまい、返されてしまったり、抱きかかえられてしまう恐れがある。また、このような状態に持ち込めたら、相手に逃げる隙を与えないよう、次の動作を素早く行うようにしよう。この方法では、袈裟固にも横四方固にも入れると解説したが、自分が得意としている方、またはその瞬間の状態などで瞬間的に判断し、すぐに寝技に移行させることが重要だ。

流　れ

横四方固
（上からの攻め）

No.06

# 上からの攻めで相手が足を深く絡んできたら、上を極めて足を抜いて抑込む（前半）

№05までは、相手に足を深く絡ませないで抑込みにいく方法を解説していたが、実際の試合では、相手の足が太腿の方まで絡んでいる状態から攻める場面も多い。

このようなときは、まず**上を極めてしまうのが基本中の基本**。上が極まったら手で**相手の膝を持ち、押して足首まで落とす**。足首まで落とせたら、ここも素早くもう一方の腕で相手の脇をすくい、極めていた上とともに、片手も極めてしまおう。この方法は抑込の基本であり、試合でよくある形なので、№06と07で詳しく解説する。

## POINT 1 絡まれた足は膝を立てまずは上を極めにいく

上から攻めている状態で、足を太腿まで深く絡まれていても、絡まれている足の膝は必ず立てておこう。その上で、まずは上を極めてしまうのが基本中の基本だ。極め方はいろいろあるが、基本的な極め方として、写真のように相手の首の下から腕を通し、奥襟を取るような形で襟を取る。

## POINT 2 相手の膝を取り押して下に落とす

上が極められたら、次にもう一方の手で絡んでいる相手の足を取り、自分の足首まで落としてしまおう。この状態から完全に絡まれなくするのは難しいので、足首まで落とせればそれで十分だ。相手の膝付近を取り、下に押し込んでいくようにして、足首まで落としてしまおう。

## POINT 3 相手の腕をすくって上を完全に極めてしまう

相手の足を足首まで落としたら、その腕で素早く相手の脇を差し腕をすくい、腕をさらに深く差し込んでしまう。その上で、完全に極めるため、自由になっている側の足を畳について踏ん張り、体を前方に押して頭を下げれば、相手の腕が完全に上を向き、相手の上体を完全に極められる。

### アドバイス 試合で多く使う技術である

ここで解説した足の抜き方は、試合で数多くみられる状態からのものだ。したがって、寝技の中でも、もっとも利用頻度の高い基本的な技術のひとつと言える。そのため、あえてNo.06とNo.07の二回に分けて詳しく解説している。No.06では上体の極め方にはじまり、足を落とすまでの流れを、No.07では足を抜いてから抑込みにいくまでの一連の流れを、それぞれ分割して解説している。この方法を練習して自分のものとし、ぜひ今後の試合でも活用できるようにしておいてほしい。

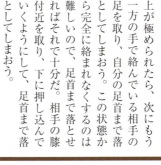

流　れ

横四方固
（上からの攻め）

No.07

# 上からの攻めで相手が足を深く絡んできたら、上を極めて足を抜いて抑込む（後半）

ここからは、上を極めた後の抑込むまでの技術を解説していく。絡まれている足を足首まで落とせたら、**絡まれている側の足を開き、膝を畳につけ**よう。そして、空いている側の足で**相手の足を蹴って開かせてしまえば**、足を抜くことができるので、両足の足首で相手の足を止める。この状態になると、相手は手で足を取りにくるので、取られた側の足を外側に開くと同時に、もう一方の足の脛を相手の両足の付け根に当てる。そして相手の横に出て、横四方で抑込めばいい。

## POINT 1
## 残した足の膝を立て足首だけに絡ませる

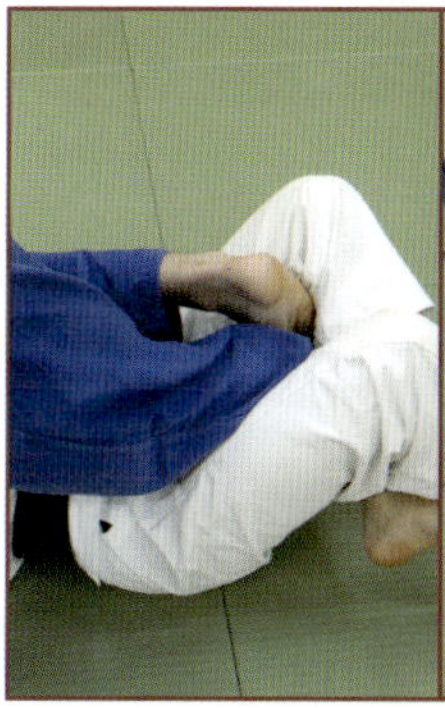

上が極まったら、絡まれている側の膝を開いて畳につけよう。そして、足を引き抜こうとするのではなく、空いている側の足で相手の足を蹴りながら抜くといい。足が抜けたら、その瞬間に両方の足首を相手の足の内腿にかけるようにして、相手の足を止めてしまう。

## POINT 2
## 片足を外に出しながらもう一方を両足の付け根に当てる

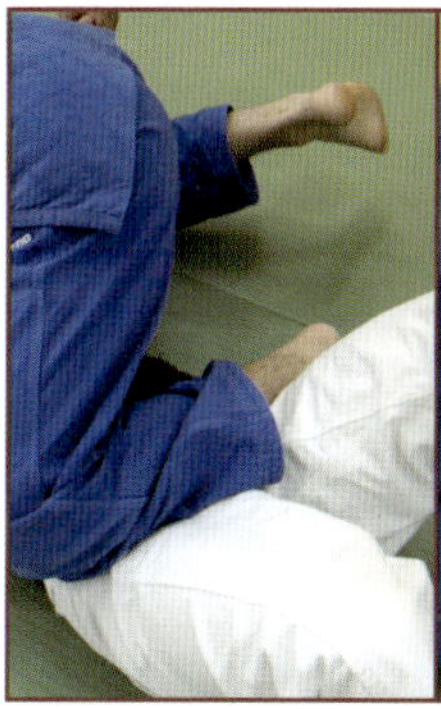

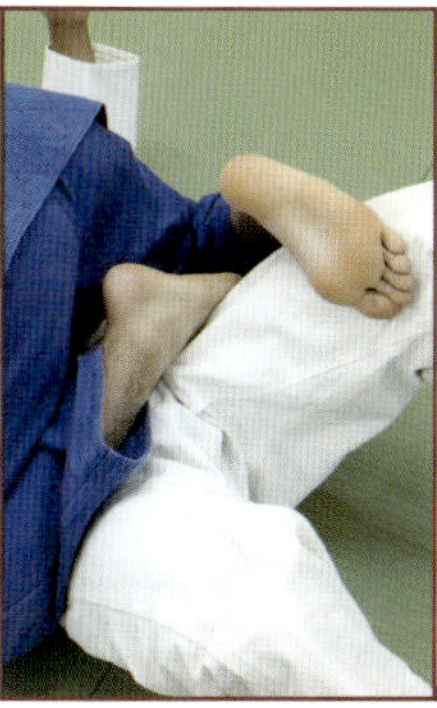

相手は防御しようと、空いている手で足を取りにくるはずだ。素早く写真のような体勢を作ろう。足を取られている側の足を開いて外側に出し、もう一方の足では足首を相手の足の付け根の外側に当て、脛で両足を止める。これで、上の残っている足が二重絡みされるのを防げる。

## POINT 3
## 止めた足で取られている側の足を押すようにして開く

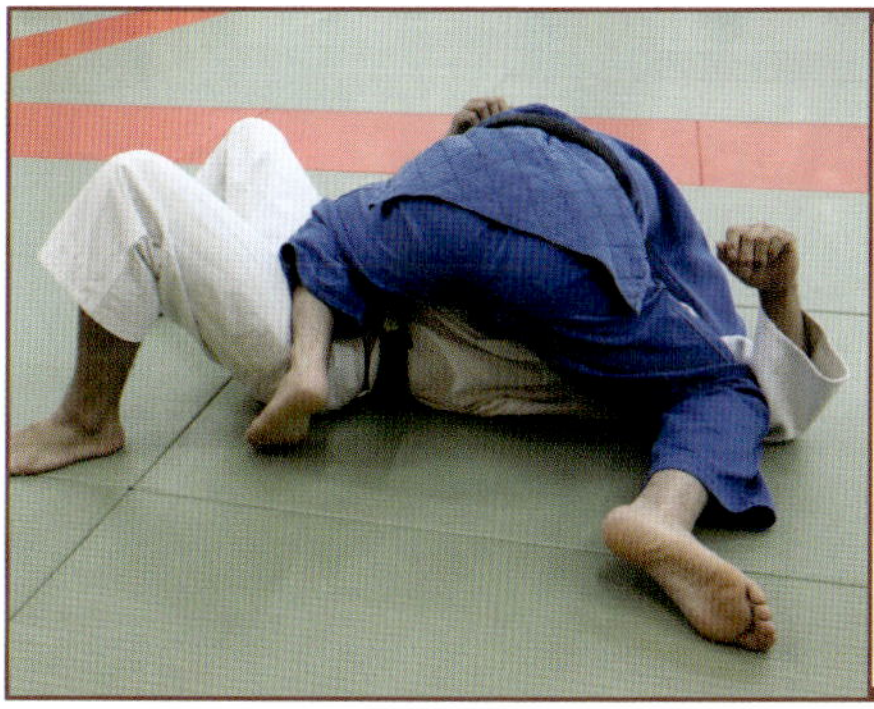

POINT 2の状態になったら、足の付け根にかけている足で、もう一方の足を押すようにして、さらに足を開こう。足を取っていた相手の腕を、さらに上にあげさせることができる。腕を上げさせたら、乗せていた足をおろし、横四方固で抑込に入ることができる。

### アドバイス
### 反復練習して身に付けよう

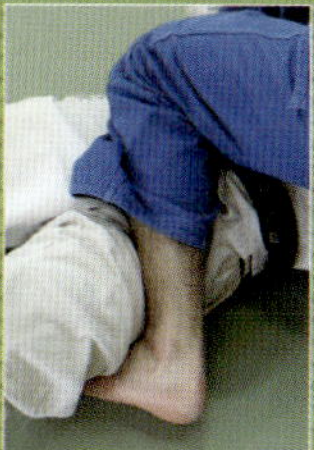

POINT 2で、一方の足を下しながら、もう一方の足の脛で相手の両足の付け根を止めると解説した。言葉で言うと簡単に聞こえるが、実際に行ってみると、スムーズに足が運ばないことが多いので、この切り替えは日々の練習で体に覚え込ませておこう。また、状況によってだが、両足の付け根に当てていた足をおろすとき、膝を立てておくと、相手の足を止めることができる。

流れ

上四方固
（上からの攻め）

No.08

# 下からの攻めが得意な相手には、足を抜いて回してしまえば上四方固で抑込める

上から抑込に入る場合、これまでは足を抜いたら相手と密着するように解説してきた。逆に、相手と距離を取ってから抑込に入ることもできる。

抜いた足を後方に引き、**外した側の足を取っていた手で、もう一方の膝を取り、もう一方の手では相手の袖を取ろう。**つまり手を持ち替える。そして、頭が自分の方にくるように相手を回転させてしまおう。その上で相手の道着を使って腕を極め、相手を仰向けに開かせてしまえば、上四方固で抑込むことができる。

## POINT 1 足を外したら手を持ち替え相手を回転させる

相手の膝を割って片足を外したら、外した足は相手の足の間に残すのではなく、できるだけ後方に引いて距離を取ろう。同時に、足を外した側の手でもう一方の膝を取り、もう一方の手は、袖を取るように持ち替えてしまう。そして相手の頭が自分の方にくるように回転させてしまおう。

## POINT 2 相手の腕を曲げさせて道着で極める

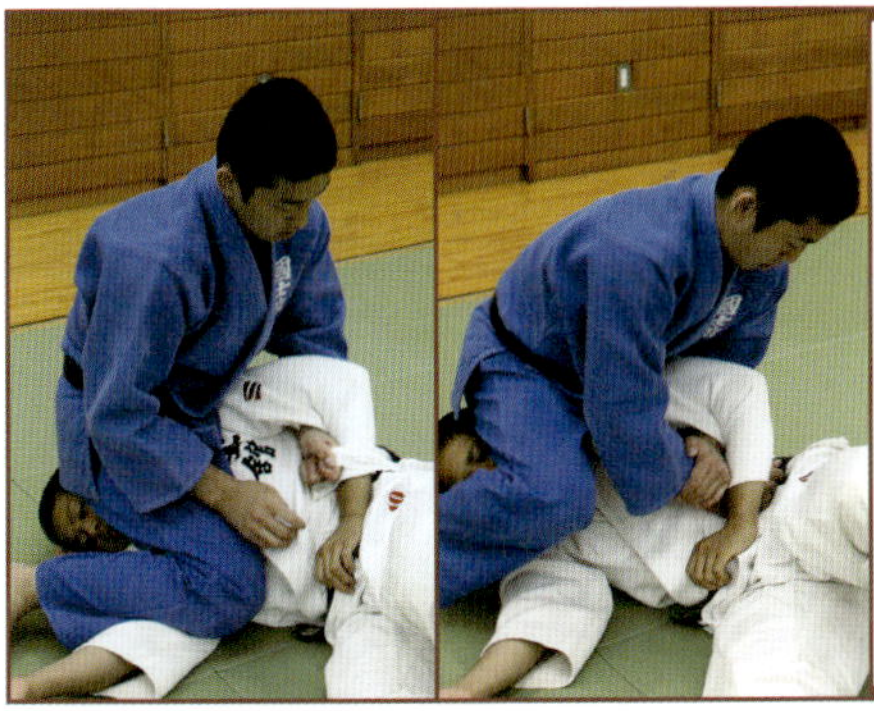

POINT 1で相手を回転させたとき、相手が逃げるようなら、相手の腕を取り、腕絡みの形にして制してしまおう。その後、相手の道着の裾を使い、腕を完全に極めてしまう。この動作に時間がかかるなら、先に相手の顔を跨ぎ、もう一方の腕を足で制してからでもいい。

## POINT 3 相手の顔を跨ぎ足を取って開かせる

片腕を極めたら相手の顔を跨いで、腕を極めている側の足を取ろう。つまり、この状態で上になっている側の足だ。取った足を外側に開かせながら、自分の上半身を相手に被せていく。相手が仰向けになり、上体を被せたら、帯を取り直せば、上四方固で抑込むことができる。

### アドバイス 相手を回す理由

ここでは下からの攻めが得意な相手に対して、回して攻める技術を紹介したが、なぜ回す必要があるのかを解説しておこう。下からの攻めが得意な相手というのは、足の使い方が上手であったり、上のものを引き込むことが上手だったりするものだ。だからこそ、下からの攻めが得意であると言える。そこで、いったん相手との距離を取り、回転させると同時に自分からも相手の頭上に回ってしまえば、相手が足も手も使えない状態を作り出すことができるので、攻めやすくなる。

流　れ

## 縦四方固（防御の姿勢から抑える）　No.09

# 四つ這いで防御する相手には、両脇から腕を差して返し、上体を極めて抑込む

試合中、相手が四つ這いになり防御の姿勢になることはよくある。この体勢から時間がかかってしまうと、相手は脇を締め、脇にも首にも腕を回せなくなってしまうが、脇が開いていて腕を差せるようなら、**両脇から腕を入れ、一方では襟を取り、もう一方では脇をさして首に腕を回して**しまおう。この状態で回転すれば、相手を返すことができる。

相手を返したら、両足で相手の足を抑えておきながら上半身を極めてしまい、足を開けば縦四方固で抑込むことができる。

POINT 1
## 一方の腕で襟を取り もう一方で脇を差す

相手が四つ這いで防御しようとしているときは、両脇から腕を入れ、写真のように一方の腕で襟を取り、もう一方の腕は脇を差して首に回し、手の平を首に当てよう。試合で両脇を差せる状況は多くないが、完全に防御される前に素早く差しにいけば、腕をこじ入れられる。

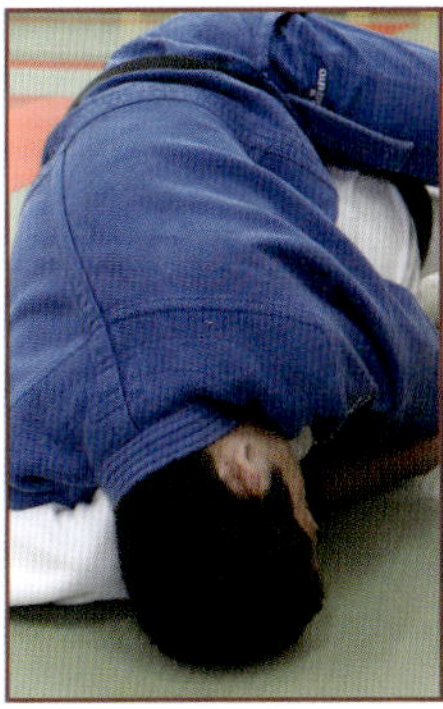

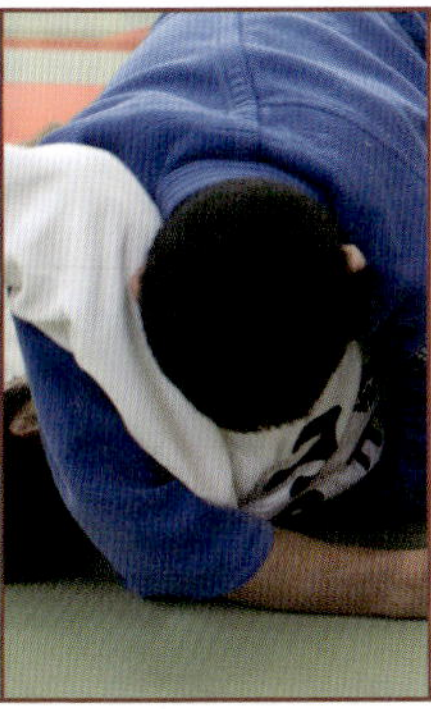

POINT 2
## 回転して相手を起こし 頭で腕を押し、伸ばす

横に回転して相手を返し、自分が上になったら、首に回していた腕を相手の背中まで入れ、両腕を相手の背中の中に入れていくつもりで、自分の肘をつかもう。そして、肩と腕で挟んでいる相手の腕を頭で押し込み、真上にさせてしまえば、肩を完全に固められる。

POINT 3
## 相手の足を割って 縦四方固で抑込む

相手を返したとき、片足を絡まれているようなら、もう一方の足で相手の膝を蹴り、開かせてしまえば、足を抜くことができる。そして両足を使っていったん相手の両膝を割ってから、両足を相手の足の下に移動させ、しっかり組み直して、縦四方固で抑込に入ろう。

アドバイス
## 組んだ足を上げ 圧力をかける

POINT 3で縦四方固で抑込むとき、相手の足の下で足を組み直すと解説した。このとき、より確実に抑込むには、組んだ両足の膝を曲げ、上にあげるといい。こうすることで、胸と腹が自然と張れる。つまり、より手に密着させることができるので、さらに強く圧力をかけることができる。

流　れ

## 縦四方固（防御の姿勢から抑える） No.10

# 体重の重い選手が縦四方固で抑込むときは、三角点で抑える

No.09では、四つ這いの相手の脇から両腕を差し、横に回転してから縦四方固で抑込む方法を解説した。ここでは、体重の重い選手が横四方固で抑込むときに効果的な方法を解説していく。

No.09で解説した方法で相手を返したときはもちろんだが、それ以外の場合でも縦四方固で相手を抑込む際は、相手の足の下で足を組むのではなく、三角点で抑えるのが効果的だ。**極めている腕、相手の腕を殺している膝、そしてしっかり畳に着けて踏ん張っている足の三点**だ。

## POINT 1 相手より自分の方が体重が重い場合に有効

ここでは№09で解説した方法で相手を返している。しかし、ここで解説する抑込の方法は、必ずしもこの返し方の場合にのみ有効なわけではない。相手と明らかに体重差があり、自分の方が体重が重いと判断できる場合には、ここで解説する縦四方固が有効であると覚えておこう。

## POINT 2 相手の腕を膝で殺す

相手を返して自分が上になったら、相手は自由になっている方の手で、足を取りにくるはずだ。そこで、絡まれている足を抜いたら、まず自由になっている相手の腕を殺してしまおう。写真のように、腕を畳に押し付け、膝を乗せてしまえば、この手を使うことができなくなる。

## POINT 3 肩と膝と足の三角点で相手を抑込む

POINT 2で相手の肩手を殺せたら、肩を固めている腕をさらに深く差し込ませて、完全に肩固で相手のもう一方の肩を極めてしまおう。残った足は開いて、しっかり畳に着けて踏ん張れば、固めている肩と腕を殺している膝、そして踏ん張っている足の三角点で抑込むことができる。

### アドバイス 体格を活かした抑込の方法

この抑込の方法では、縦四方固であるにも関わらず、一方の足を踏ん張っているため、腹を密着させることができない。しかし、両腕は完全に殺してあり、かつ、胸も合っているため、体重があれば返される危険は少なく、完全に抑込める。

流　れ

## 縦四方固（防御の姿勢から抑える）　No.11

# 四つ這いの相手の両脇を差して回転する途中に逃げようとする相手は、腕を首の後ろにかけ、両足を開かせて止める

No.09、10では四つ這いになっている相手を返してから上体を極め、縦四方固で抑込むを解説した。ここでは、相手を返したときに逃げようとしたり、防御しようとする相手に対して、その動きを制し、抑込みにいく技術を解説する。

四つ這いの相手に対し、両脇を差して回転して返す相手の後頭部に腕を当て、**返したときに両足を使って相手の足を開かせてしまう**。こうすることで、相手は身動きが取れなくなるので、上を極めてから足を蹴って開かせてしまえば、縦四方固で抑込める。

## POINT 1 返す途中で後頭部に腕を当てる

四つ這いの相手を、両襟を差して回転させるとき、逃げようとしたり防御したりするような動きを見せたら、回転している途中で、写真のように相手の後頭部に腕を当ててしまおう。肩から後頭部に腕を通すことになるので、上半身の動きを制することができるようになる。

## POINT 2 相手を返したら両足を使って開かせる

相手を返したら、すぐに両足を使って相手の両足を開かせてしまおう。写真のように、上の足を相手の遠い足に、下の足を近い足にかけて開かせてしまうことで、相手の下半身を制することができる。POINT 1では上半身を制しているため、相手は身動きが取れなくなる。

## POINT 3 上を極めて足を止める

相手の動きを制することができたら、まずは上を完全に極めてしまおう。その後、相手の両足の付け根に、これまで同様、写真のように両足を当てて制してから相手の足の下に回し、縦四方固に移行させればいい。特に足の使い方を普段から意識して練習しておくようにしよう。

## アドバイス 回転の途中で腕を差す

ここでは相手が四つ這いの状態のときに、脇から腕を差して後頭部に手を当てたが、実際の試合では、簡単に腕を入れることはできないことも多いはずだ。そのようなときは、先に手を当てていなくても構わない。相手を回転させている途中で、襟から手を離し、腕を差し込んでしまおう。離した手を肩口に差し込むようなイメージで手を回し、相手の後頭部に手を当ててしまえば、最初から後頭部に手を当てているのと変わらない、同じ状況を作り出すことができる。

流れ

## 縦四方固（防御の姿勢から抑える） No.12

# 腹這いの相手を回転して返すとき、後頭部に腕を当て、途中で両足をまとめれば、そのまま抑込める

№11では、四つ這いの相手を回転させて返し、逃げようとする相手を制してから抑込む技術を解説したが、ここでは、回転の途中で相手の両足をまとめてしまい、返した直後に縦四方固で抑込む方法を解説する。

四つ這いの相手の両脇を差して回転するまでは№11と同じだが、回転している最中、お互いが仰向けの状態になったタイミングで、**両足で相手の両足を外側から挟むようにしてまとめてしまう**。こうすれば、相手を返して自分が上になったとき、縦四方固になる。

## POINT 1 返す途中で後頭部に腕を当てる

相手を返す途中で、脇から差した腕で写真のように相手の後頭部に手を当ててしまおう。No.11では、これが返した後、上半身を制する役目をしたが、ここでは、上半身を極める準備としての役目となる。相手の後頭部に手を当て、手首を返して外れないようにしておくことが重要だ。

## POINT 2 相手を返す直前に上の足を回してまとめる

相手を回して畳に背中が着く直前に、自分の上になっている側の足を、写真のように外側に回してまとめてしまおう。こうするとこで、自分が上になったときに、両足で相手の両足を挟んでいる状態になるため、そのまま縦四方固で抑込むことができるようになる。

## POINT 3 足を組んで上にあげしっかり極める

相手の足の下から通している足を曲げるようにして、相手の足を畳から浮かせてしまおう。こうすることで相手は足を使えなくなるだけでなく、自分の腹が下にさがり、相手により圧力をかけることができるようになるので、よりしっかりとした抑込となり、相手は逃げられなくなる。

## アドバイス 手足が長い選手が効果的

ここで解説した技術は、特に手足の長い選手に向いたテクニックだ。体重別の試合であったとしても、相手よりも背が高く、手足が長ければ効果を発揮する。逆の言い方をすれば、体重別の試合でなく、相手との体格差が大きかった場合で、自分の方が明らかに体格が勝っていたとしても、太っていて手足が短いなどの場合は、効果的ではないかもしれない。自分の体格を知り、手足、特に足が長いと思われる場合は、この技をぜひ覚えておいて、試合で使ってみてほしい。

流れ

三角絞
（防御の姿勢から返す）

No.13

## 四つ這いの相手を、三角絞で返す

相手が四つ這いになっていて、脇を締め腕が入れられない場合がある。そんなときは、相手の前に回り、脇と肩口から足を入れ、足の力で相手を返そう。

前方に立ったら、帯と袖を上から握り、いったん上方に引き付けよう。瞬間的に胸が開くので、そのタイミングでまずは**脇の下に自分の片足の踵を入れる**。次に、**反対側の袖を握り、自らの腰に手をつけさせるように引き上げ胸を開けさせておいて、もう一方の太腿を肩口から差し込む**。この状態から足の力で返すことができる。

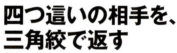

## POINT 1 片足の踵を脇に入れもう一方の腿を胸に入れる

相手の前方に立ち、襟と帯を取って引き付けよう。袖が開いた瞬間、一方の踵を相手の脇の下に入れる。そして襟を取っていた手で相手の袖口を内側から取り、相手の骨盤に付けさせるように引き上げ、胸が開いた瞬間にもう一方の太腿を肩口から胸の中に入れよう。

## POINT 2 踵と膝を近づけていき返しながら足をクロスさせる

POINT 1で入れた踵と膝を徐々に近づけていき、近くまで寄ったら、両手で相手を引き付けながら自分から倒れるようにして相手を返そう。斜め後方に引きながら足をクロスさせるのがポイントだ。つまり、胸に入れた側の足が前にくるようにする。これで相手が仰向けになる。

## POINT 3 相手を返したら片腕を極めて抑込む

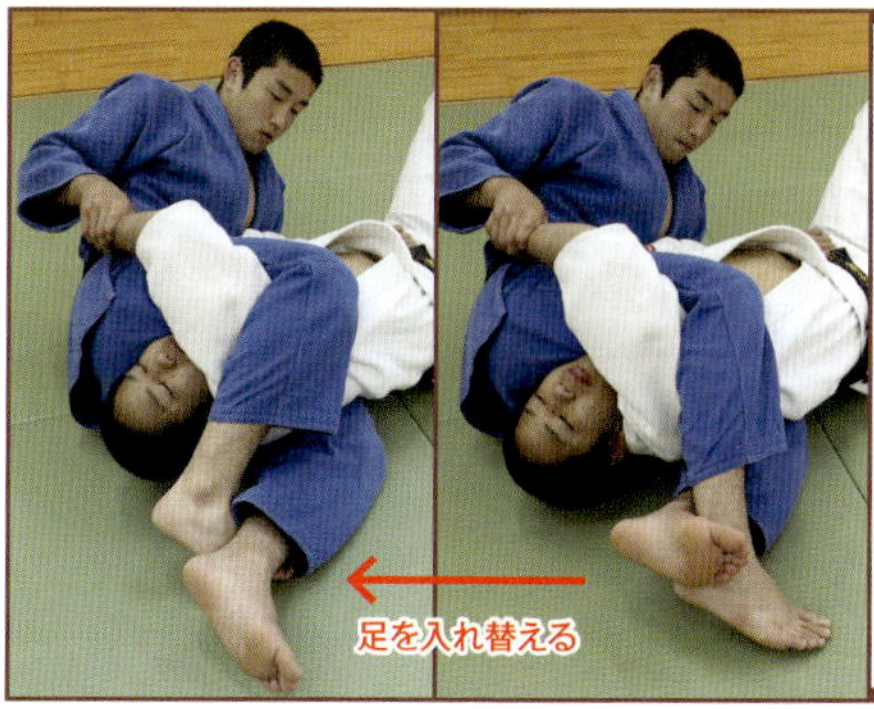


相手を返したら、相手の手を道着の中に入れて極めてしまおう。そしてクロスしている足を入れ替える。つまり、この段階で上になっている側の足を、下側の膝裏に引っかけ引き付ける。この状態から、上四方固の体勢になり、下の足から引いて抑込にいけば、上四方固の抑込となる。

### アドバイス 足の使い方を覚えよう

POINT 2では足を使って相手を返したが、この動きは慣れないと難しい。足の動きのみを撮影してみたので参考にしてほしい。腰を切って左右の足を交差させるようなイメージだが、足の動きだけを練習してみよう。

## 三角絞から上四方固（上からの攻め）　No.14

# 三角絞から抑込みに行こうとしたとき、腕を動かす相手には、片腕を極めて上四方固で抑える

No.13では、四つ這いの相手を足の力を使って三角絞で返す方法を解説した。ここでは、その方法を用いて相手を返したあと、抑込に移行するまでを解説する。

相手を返したとき、腕を極められるのを嫌がり、腕を動かしたりする場合は、**とりあえず相手の肘に腕を通して自分の襟をつかみ、いったん腕を保持**しておこう。そして、相手の腕を自らの道着の裾で極めてしまう。この状態から相手の上にあがり、腹を出し、両足を広げて安定させれば、上四方固で抑込める。

### 流　れ

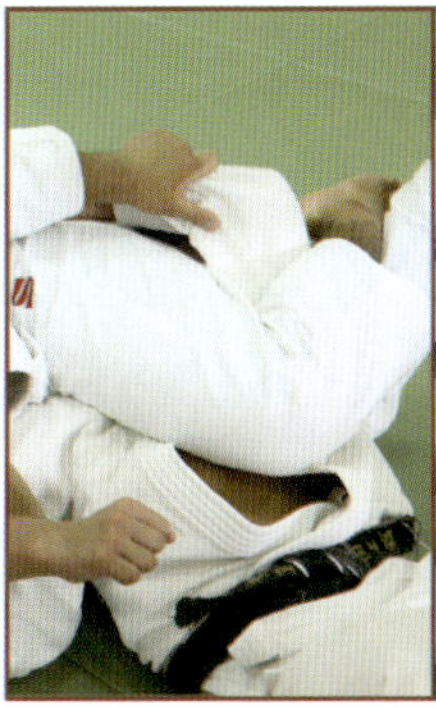

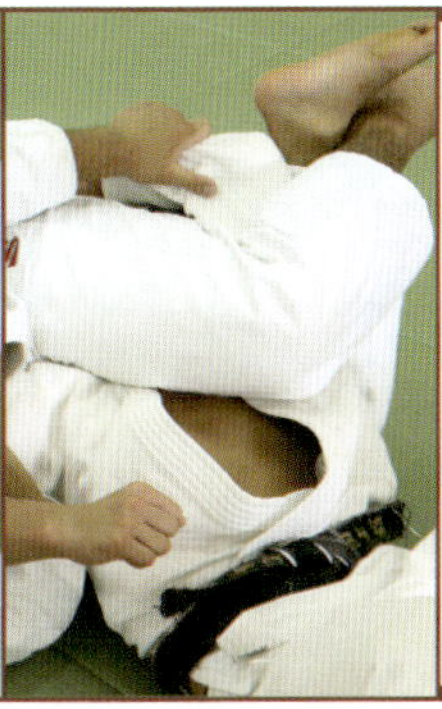

POINT 1

## 片腕を保持しながら足を組み替える

四つ這いの相手を返すまでは、No.13同様なので、そちらを参照してほしい。その上で、相手が腕を動かしてくるようなら、まずは片腕を取り、保持しておこう。このときは自分の襟を握っておくといい。そして、写真のように、上下の足を組み替えて、上半身をしっかり極めておこう。

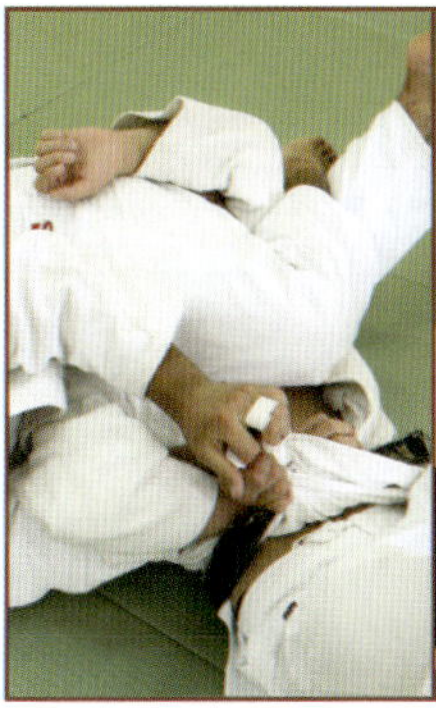

POINT 2

## 相手の片腕を道着の裾で極める

足を組み替えて相手の首と片手を極められたら、保持していたもう一方の腕を極めてしまおう。写真のように、空いている腕で相手の手首を握り、体側に押し付ける。そして相手の道着の裾を手繰り寄せながら元々通していた方の手で握ってしまえば、完全に極めることができる。

POINT 3

## 上にあがって腹を出し相手を抑込む

POINT 2までできたら、あとは組んでいる足を緩めないように相手の上にあがり、足を抜くのと同時に胸を合わせていこう。足を下すとき、極めていた相手の腕を膝にかけたまま下せば、こちら側の腕も股の間に入れ制することができるので、腕で抵抗されることもない。

アドバイス

## 手を使わずに練習してみよう

No.13のアドバイスで解説した「足の使い方」に関する練習方法について紹介しておく。足の使い方そのものは、No.13で解説したとおりだが、相手を挟まずに動かし方を覚えたら、次のステップとして、相手を挟み、手は使わずに、足だけで相手を返してみよう。つまり、脇に踵を入れ、もう一方の腿を相手の胸に合わせて踵と膝を近づけたら、手を離して足の力だけで相手を返してみる、という練習を繰り返す。手を使わずに返せるようになれば、大きい相手も返せるようになる。

**流　れ**

三角絞から横四方固
（上からの攻め）

No.15

# 四つ這いから
# 立ち上がろうとする相手には、
# 腕に足を掛けて前転し、
# 三角絞から横四方固で抑える

No.14では、四つ這いまたは腹這いの相手を足で返し、抑込に移行させたが、試合では相手の前に立ったとき、相手が股の間から逃げようとしたり立ち上がろうとしたりすることもある。相手がこのような動きを見せたときは、腕で畳を着いている状態でもある。つまり、肘が開いている。

このような場合は、相手の**肘に足を掛け**、**掛けた足の反対方向の斜め前に前転**する。回転しながら相手のもう一方の腕をすくい取り、返した後、横三角絞に移行して、抑込に持ち込める。

## POINT 1 相手の肘が開いたら足を掛けて前転する

相手の前に立ったとき、相手が股の間を抜けようとしたりして畳に手を着き肘を伸ばしたら、写真のように内側から片足を肘に掛けてしまおう。この状態から腕を引っ掛けたまま反対側の斜め前方に回転する。回転の途中で相手のもう一方の腕もすくい取ってしまおう。

## POINT 2 相手の片腕を裾で極める

相手を返したら、まずは相手の片腕を極めてしまおう。写真のように相手の裾を使って極めてしまうといい。このときは、自由になっている側の腕でいったん相手の腕を押さえ、腕を通している方の手で裾を手繰り寄せていく。自由になっている方の手で手繰り寄せてしまうと逃げられる。

## POINT 3 足を組み替えて上にあがり抑込む

POINT 2で腕を極めたら、写真のように足を組み替えよう。足を組み替えないと、上にあがろうとしたとき緩んでしまう可能性があり、逃げられてしまうからだ。また、膝裏にかけていた相手の腕は、そのまま持っていき、上に伸ばさせてしまえば、両手を制することができる。

## アドバイス 途中で絞めても効果的

POINT 2で腕を極めている最中、相手はもう一方の腕で、こちらの足を抱えようとすることがある。そのときは、まず先に腕を極め、写真のように絞めに行こう。極まらなくても相手は絞めを嫌がり、抱えていた足を離して腕を抜こうとするので、そのタイミングで三角絞に移行しよう。

**流　れ**

## 肩固（防御の姿勢から抑える）

No.16

# 両脇から襟を取り、返しながら肩を固めれば、返したときに肩固になっている

　相手が四つ這いでも腹這いでもどちらでも構わない。防御の姿勢になっている状態から相手を返し、そのまま肩固で抑込む方法を仮説する。

　両脇から腕が入れられるようなら、両手で襟を取り、手首を内側に曲げて握ろう。相手を引き付けて半身の体勢になったら、上になっている側の足で相手の足を足裏で止めておく。この状態から相手を返しにいくが、**回転の途中で奥襟に握り直してしまおう**。完全に返ったら、腕より深く差して肩を完全に極めれば、肩固で抑込める。

## POINT 1 両脇から腕を差し襟を握る

相手の両脇から腕を差し、襟を取ろう。襟を取ったら両方の手首を内側に曲げるようにして握りながら、上に引き付ける。こうすることで、相手の胸を畳から浮かすことができ、返しやすくなる。また、頭の位置が相手より少し上になるようにしておこう。下になると逆転される。

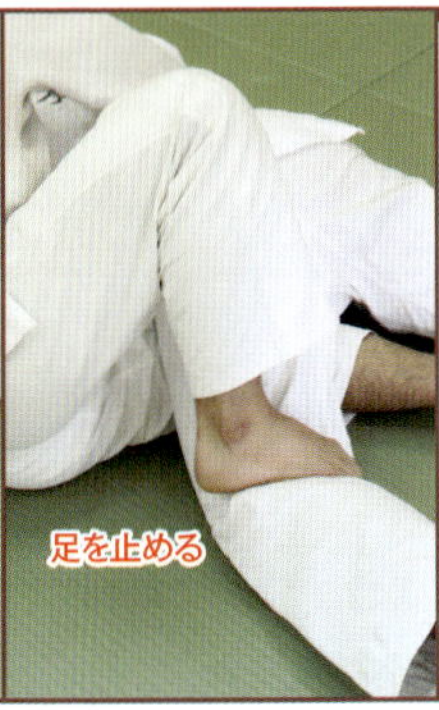


## POINT 2 相手を片側が持ち上がったら上の足で相手の足を止める

写真のように相手の片側が畳から離れ持ち上がったら、上の足の足裏で相手の膝の横に当て、開かないように足を止めよう。相手が返されまいとして、腕を広げてくるなら、肘を刈って腕を伸ばさせてしまう。この2つの動きができないと、相手は足と腕を開き、返されるのを防がれる。

## POINT 3 相手を返しながら奥襟を取り直して肩を極める

POINT 2の状態ができたら回転して相手を返そう。このとき、回転しながら上にある方の手では、腕を深く差して、首と肩を制する。この状態ですでに肩固になっているが、完全に返したあと、腕をより深く差せば、完全に肩を極めることができ、そのまま肩固で抑込める。

## アドバイス より効果的に肩を極める方法

肩固をより効果的に極めるには、腕を深く差すことはもちろん重要だが、同時に、写真のような状態のとき、首に回している側の腕の前腕がすべて畳に付くように腕を引くことだ。また、肩でも相手を押すようにすることだ。こうすることでより相手と隙間なく密着することが可能となる。

流　れ

肩固
（防御の姿勢から抑える）

No.17

# 太い相手を回しながら肩固するときは、回転の途中で手を離して極める

No.16では回転しながら肩固をしてしまう方法を解説したが、太っている相手に対し、この方法を行おうとすると、襟を取っている側の腕が相手の体の下に残ることになるため、自分が起きられなくなる恐れがある。

そこで、太っている選手が相手の場合は、**回転の途中で肩を固めたら、もう一方の腕（下になる方の腕）は離してしまい、肩を極めている腕と組んでしまおう**。こうすることで、より極めが確実になるとともに、起きられなくなってしまうことも防げるようになる。

## POINT 1 足を止めて腕を伸ばし返すのを防がせない

№16同様、四つ這いあるいは腹這いの相手の両脇から腕を差して返すときは、足を広げられないように止めてしまおう。同時に、腕も横に広げられてしまうと返せなくなってしまうので、腕を刈るようにして前に伸ばさせてしまえば、体側が一直線になるため返せるようになる。

## POINT 2 回転の途中で腕を離して極める

回転の途中、下になっている方の腕で相手の奥襟を取り直したら、相手が畳に背を着ける直前に回転させるために引っ張っていた方の腕を離し、自分の腕と組んでしまおう。相手が重い分、返したときに腕が抜けなくなるのを防ぐと同時に、先に肩を極めてしまえる、という効果がある。

## POINT 3 完全に相手を返したら肘を付けて襟を持つ

相手を完全に返したら、№16のアドバイスでも触れたように、極めている前腕全てを畳に押し付けるようにして、より深く極めてしまおう。それができたら、写真のように自分の襟の深い位置を取り、空いた腕と外側の足を張ってバランスを取れば、より確実に相手を抑込むことができる。

## アドバイス 相手の腕を伸ばさせる方法

相手は返されることを察知すると、必ず腕を横に広げて防御してくるはずだ。肘で相手の肘を押して伸ばさせようとしても届かなければ、いったん襟を取っていた手を離し、腕全体で相手の肘を刈るようにして伸ばさせてもいい。

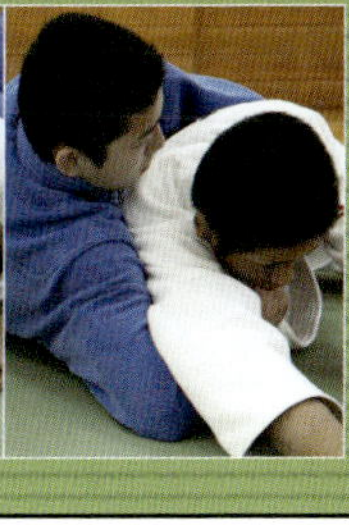

**流　れ**

## 上四方固
## （防御の姿勢から抑える）　No. 18

# 四つ這いの相手には、腕を取って体を押し込み腕を極めて返す

四つ這いで防御の姿勢を取っている相手に対し、腕取りから上四方固で抑込む方法を解説する。

まずは相手の後方に回り、**脇から腕を差して手首を握ったら、前方に押し込んで相手をつぶす**。そして、**相手に密着し体重をかけながら真横に押していく**と、腕を取っていた肘が出てくるので、できるだけ深く腕を差してしまおう。そして相手を横向きにさせて、顔をまたぎ、道着で相手の腕を極めてしまえば、あとは相手を仰向けにさせ、縦四方固で抑込める。

## POINT 1 後方から腕を差し込み5本の指で手首をつかむ

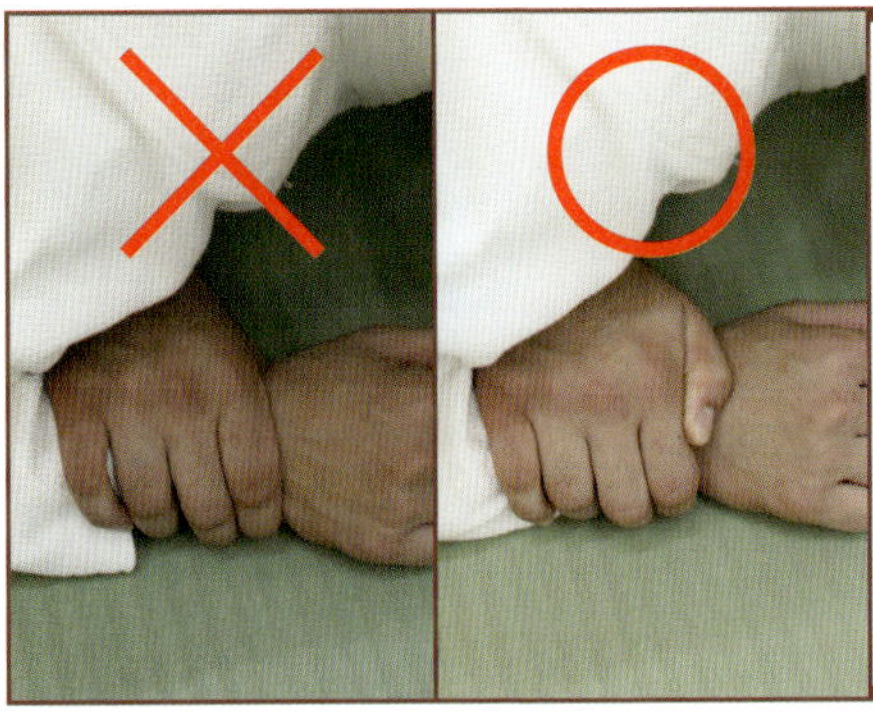

四つ這いの相手の後方に回り、体を密着させて、脇から腕を差し込もう。そして、手首を取るが、ここで重要なのは、握るというよりも5本の指すべてを前方、つまり、親指を人差し指に添えるような形で腕を取ることだ。この状態から、取った手を引きながら前方に圧力をかけ相手を崩す。

## POINT 2 押し込んでつぶしたら真横に押して腕を差す

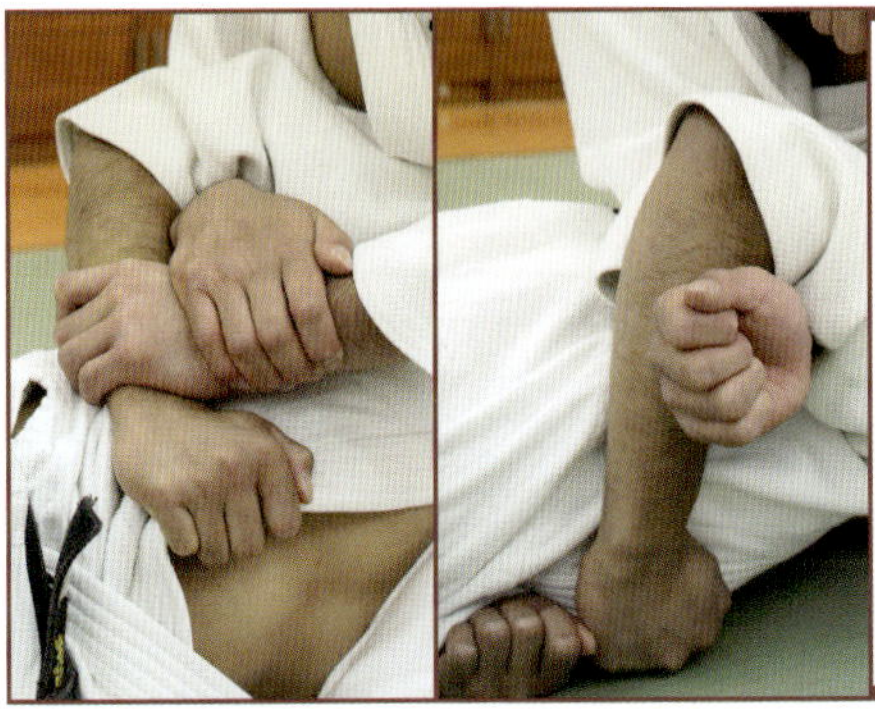

相手がつぶれたらすぐに横に回り、肩を相手の首の真下に当て、今度は真横に押し込んでいこう。取っていた腕が外に出てくるので、肘を引き付けながら相手の頭をまたぎ、差し込んでいた腕の手首を返して親指が上を向くようにする。もう一方の腕も使い、写真のようにロックしよう。

## POINT 3 真横を向かせたら腕を極め頭を押して返す

相手が完全に横向きの状態になったら、道着で相手の裾を使って腕を極めてしまおう。相手の体は「く」の字に曲がっているはずなので、足を取っていったん引き付け、膝で相手の頭を押しながら、足も開かせていけば、相手を返すことができる。そのまま上四方固で抑込に入ればいい。

## アドバイス 親指が上を向く効果

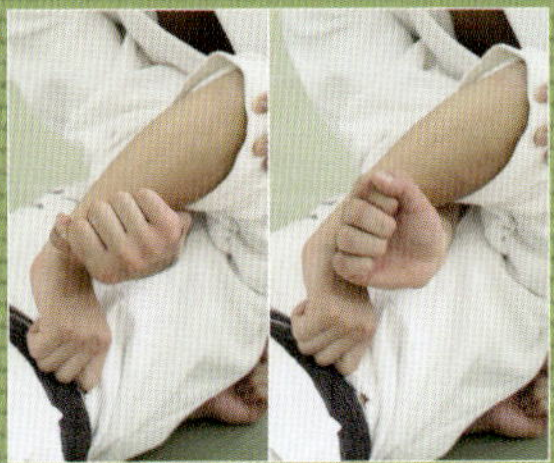

POINT 2で腕を手首まで差し込んだら、親指が上を向くように手首を返そう。この返しがないと、もう一方の自分の腕を握って相手の膝をロックしたり、裾で相手の腕を極めることができなくなる。また、親指が下を向いているよりも、上を向いていた方が、より力が入る。

流　れ

上四方固
（防御の姿勢から抑える）

No.19

## 腕取りを嫌って切る相手には、手首ではなく手を取れば関節を極めてそのまま返せる

No.18では四つ這いの相手に対し、腕取りから返して抑込む方法を解説した。試合では、腕を取られるのを嫌い、**腕を振って切られてしまうこともある**。そのようなときは、**手首ではなく手を取る**と、関節を極めることができるようになり、そのまま抑込める。

手首を取ったとき、相手が切ってくると判断したら、次は手を取るようにしよう。相手の切る動作に体ごとついていき、腕が出てきたところで止めてしまう。そのまま前方に移動して、肘を極めてしまえば、比較的簡単に返せる。

## POINT 1 後方から腕を差し込み5本の指で手をつかむ

腕取りで、相手が切ってくるようなら、手首ではなく手をつかもう。四つ這いの相手の後方に回り、体を密着させて、脇から腕を差し込み、このときも5本の指すべてを前方、つまり、親指を人差し指に添えるような形で腕を取ることだ。この状態から、前方に圧力をかけていく。

## POINT 2 相手が手を切ろうとした横について肘を極める

相手が手を切ろうと腕を外に出そうとしてきたら、タイミングに合わせて腕を引き、横に回って腕を止めてしまおう。そして自分の肘を相手の肘に当てて腕を上げさせれば、これだけで肘関節を極めることができる。この状態になったら、より逃げられなくなるように、両手で手を取ろう。

## POINT 3 極めた腕を肩の方に引き相手を返して抑込む

POINT 2の状態になったら、極めている腕を、写真のようにその肩の方に引きながら、相手の頭の方に移動していこう。相手がこらえきれず、自然と仰向けの状態に返すことができる。相手が仰向けになる直前に片手を離し、そのまま縦四方固で抑込んでしまえばいい。

## アドバイス 国士舘柔道伝統の技

ここで解説した腕取りは、本来なら手首をつかんで行うものだ。手首ではなく相手の小指側の手を取るのは、国士舘柔道部がこれまでの試合で試行錯誤し、その中から生まれ、作り上げてきた伝統の技と言える。経験が工夫を生み、より効果的な技を作り出すことがある。どうしたらもっと柔道が上手くなれるのか、どうしたら勝てるようになるのかを考える力も必要だ。

## 流れ

## 上四方固
## （防御の姿勢から抑える）　No.20

# 四つ這いで防御する相手には、背後から手を回し腰回しで斜め後ろに返して抑える

四つ這いになっている相手を返す方法は数多くあるが、ここではいわゆる「腰回し」で返して抑込む方法を解説する。

まず相手の背後に回り、左手で前襟を取り、右手で帯伝いに手を回し、**前襟の中に手を入れて道着を取ろう**。それを引き付けることにより、相手の腰に体が密着する。**左手で相手の首の真後ろの襟を取り、相手を畳から引きはがすように左斜め後方に返そう**。その後、相手の腰に膝を当てて引き付けるように回し、完全に横を向かせたら引き付けて上四方固で抑込む。

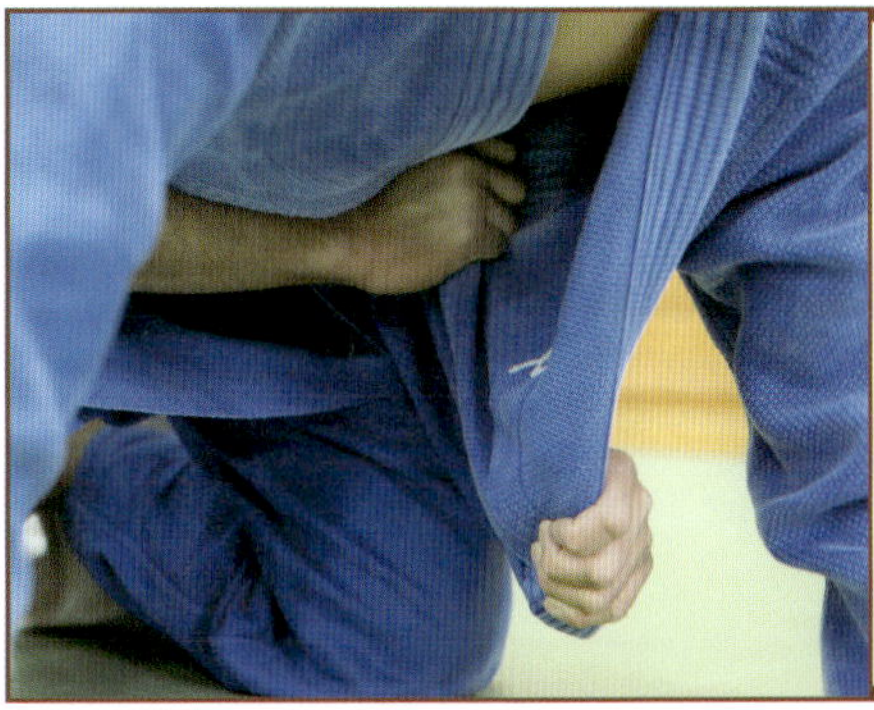

## POINT 1 帯伝いに右腕を回し外襟の内側を取る

相手が四つ這いになったら背後に回り、左手で相手の前襟を取って開き、右腕を相手の帯伝いに回していこう。そして開いている前襟の内に手を入れて、写真のように内側から道着を取る。この状態で相手を引き付ければ、腕から胸まで隙間なく相手と密着できる。

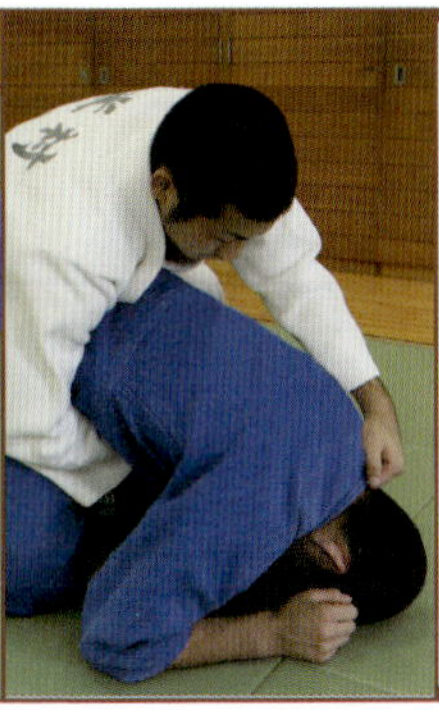

## POINT 2 左手で頭の後ろの襟を取り相手を左斜め後方に返す

次に襟を開いていた左手で、相手の首の真後ろの襟を取ろう。相手がそのまま四つ這いでいるようなら、自分の左斜め後方に相手を返そう。畳から引きはがすようなイメージで、襟の内側を取っていた右腕と左腕だけでなく、体全体を使って相手を返し、そのまま自分もついていく。

## POINT 3 相手の腰を極め、真横にしたら引き付けて抑込む

相手を返したら、すかさず左膝を相手の腰に当てよう。外襟を内側から取っていた腕は、肘を絞り、相手の帯に沿うようにして引き付けておく。この状態のまま、相手を引き付けるように後ろに回し、体が起きてきたら自分の方に引き込んで上四方固で抑込んでしまえばいい。

## アドバイス 追いかけられる体勢を作っておく

POINT 3で返した相手の腰に膝を当てると解説したが、これは右腕で相手の腰を引き付けているため、膝を当てることで腰を挟み、極めることができるからだ。また、この体勢になったときは、写真のように左足は膝を着けず、伸ばして、相手の頭よりも先に着地させておこう。相手が逃げようとしたら、すぐに追いかけられる。

流れ

## 上四方固（防御の姿勢から抑える）

No.21

# 相手が腹這いになっていたら、奥の襟をいったん取って、上半身を一瞬上げて襟を取る

No.20では四つ這いになっている相手に対する「腰回し」で返す方法を解説したが、ここからは腹這いの状態から腰回しで相手を返す方法について解説していく。

まずは相手の横に着き、**左腕で首の後ろの襟を取る。瞬間的に相手を引き上げ、その隙に右腕を脇の下から差し込み、前襟を取ろう。**そして、返されまいとして横に出す足と腕を伸ばして横向きにさせれば、No.20で解説したような腰回しの体勢になれる。あとは先に解説した腰回し同様にして、縦四方固で抑込もう。

## POINT 1 左手で首の後ろの襟を取り引き上げて前襟を取る

腹這いになっている相手に対しては、横に着いて左手で首の後ろの襟を取ろう。瞬間的に引き上げて、その隙に右腕を脇下から差し込み、前襟を取る。取った前襟は、手繰り寄せるようにして、できるだけ多くの量を取ろう。取った分だけ、道着の遊びがなくなるからだ。

## POINT 2 相手の足は膝で止め腕は肘を押して伸ばさせる

相手は返されまいとして、両足を広げ、左手も横に開いてくるはずだ。そこで、写真のように、左足は左足の膝を当てて止め、左腕は左腕で肘を上に押すようにして伸ばしてしまおう。これで左側が一直線になるので、この体制のまま相手の横に着き、腰回しの体勢になればいい。

## POINT 3 腰に膝を当てて引き付けながら回す

POINT 2の状態になったら、№20同様、左手で首の後ろの襟を取り、左膝を腰に当てながら、引き付けるようにして相手を後方に回していこう。徐々に体が起きてくるので、真横以上になるくらい相手を起こすことができたら、すかさず起き上がり、相手を引き寄せて縦四方固で抑込む。

### アドバイス 他の起こし方と混同しない

ここで解説した、相手の横に着き引き付けながら回して相手を返す方法は、№19の手の取り方同様、国士舘柔道伝統の技だ。このような体勢から相手を返す方法は他にもいくつかあり、そのひとつに、首の後ろを取った腕は、引くのではなく、逆に押さえ付けて相手を海老反り状態にさせるものがある。したがって、腕の使い方が大きく異なるため、他の方法と混同してしまうと、まったく効果のないものになりかねない。そのことに注意し、正確に技を覚えるようにしよう。

## 横四方固（防御の姿勢から抑える） No.22

# 腹這いになっている相手には、帯と襟を取り、足首を差し込んで引き上げて返し抑込む

相手が腹這いになって脇を締めてしまうと、脇も差せない、引き上げても持ち上がらないなど、待てがかかってしまう場面というのを見かけることが多い。ここでは相手が腹這いになったときの効果的な返し方と、そのままの流れから横四方固で抑込むまでを解説する。

**後ろ襟と帯を取り、引き付けながら片足を相手の太腿の付け根に差し込んでしまう**。そして両手と足の力を利用して相手を持ち上げ返してしまえば、そのまま横四方固で抑込める。

### 流れ

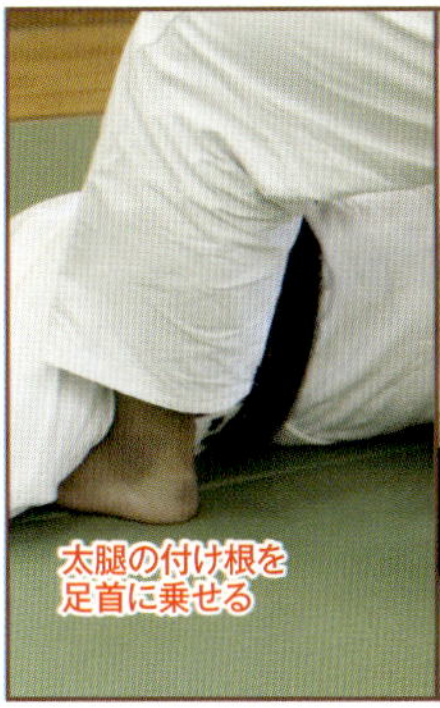

## POINT 1 相手の後ろ襟と帯を取る

腹這いになっている相手には、横に着いて後ろ襟と帯を取ろう。このとき、相手の足側にある足の膝を立て、太腿の付け根の近くに置いておく。この状態から相手を引き付けて、太腿の付け根近くに置いていた足首の上に乗せてしまおう。腕だけでは持ち上がらなくても、足が加われば持ち上がる。

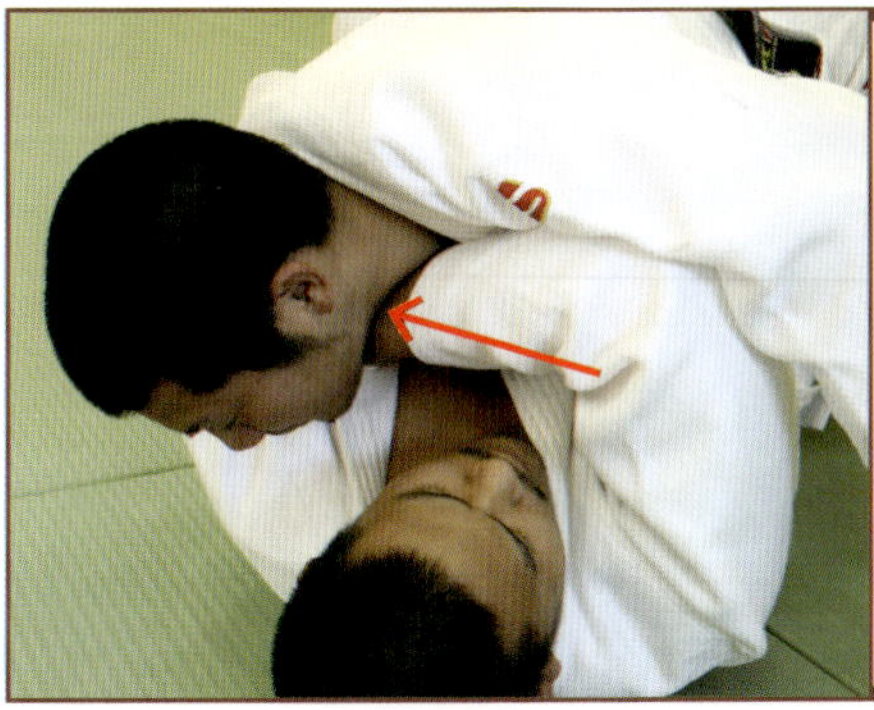

## POINT 2 相手を持ち上げたら襟を押し込んで帯を取る

勢いをつけて相手を持ち上げたら、後ろ襟を取っていた腕を奥に押し込むようにすると、相手と胸を合わせることができる。相手が完全に自分の上に乗ったら、その手を帯に持ち替えて引き付けてしまおう。太腿の付け根にかけていた足は、そのままの状態にしておく。

## POINT 3 相手を返したら横四方固で抑込む

相手を腹の上に乗せ引き付けたら、自分が回転するようにして相手を返そう。POINT 2で相手の足の付け根にかけていた足を蹴るようにすれば、下半身だけ相手と距離ができるため、返したとき横四方固に入りやすくなる。両手で帯を握ったまま横四方固で抑込もう。

## アドバイス 脇が空くと逃げられる

POINT 1と2で相手を引き付け、また返すとき、帯を取っている側の脇が空いていると、相手に逃げられたり、手を着かれて返せなくなるなど、効果的な攻めができなくなってしまう。体を入れられたり腕を抜かれたりすることのないよう、しっかり脇を締め、相手と密着するように心がけておこう。

流れ

横四方固
（防御の姿勢から抑える）

No.23

# 三角絞の体勢から相手の上に乗れば、横四方固の変形で抑込める

四つ這い、あるいは腹這いになっている相手に対し、足で返し三角絞から上四方固、横四方固で抑込に入る技術はいくつか解説してきたが、足を解かず、三角絞の体勢のまま抑込む方法があるので、ここではそれを解説する。

これまで解説してきたように、相手の肩口と脇から足を入れ、足を交差させる動作で返すまでは同じ流れだ。返した後、取っている腕を持ち替えて足も入れ替え、その体勢のまま**下を向くように回転し、相手の顔の上に腹を乗せてしまえば、横四方固の変形**になる。

POINT 1
## 相手を返したら腕を掛け変える

相手を返して三角絞めに移行させるまではNo.13、14を参考にしてほしい。相手を返したら、足を組み替える必要があるので、相手の腕を取っている腕を掛け変えよう。写真では左腕で取っていたものを右に掛け変えたところだ。掛け変えたら自分の襟を持ち、相手の腕を保持しておく。

POINT 2
## 足を掛けなおし再度腕を掛け変える

腕を掛け変えたら、極めている相手の腕を取り、足を掛け変えよう。ここでは左足が上だった状態から、右足を上に変え、左足をロックしている。この足の掛け変えがないと、相手の上に乗ることができない。足を掛け変えたら、再度、腕を掛け変える。ここでは右腕から左腕に掛け変えている。

POINT 3
## 上にあがって腕を広げ腹を顔に押し当てる

腕を掛け変えたら、三角絞になっている足はそのままに、体を反転させるようにして、写真のように相手の顔の上にあがろう。空いている方の腕は広げてバランスを取る。上にあがったら、腹で相手の顔を押すように圧をかければ、変形の横四方固となり、抑込める。

アドバイス
## 尻が落ちたら抑込にならない

POINT 3の状態になると抑込になるが、これは自分の尻が上を向いていないと抑込が解けた状態となってしまう。つまり、尻が落ちて畳に着いてしまったりすると、抑込ではなくなるので注意しておこう。また、上にあがった状態のときは、両膝を着けるくらいの意識で膝を絞めておこう。この膝が緩むと、しっかり極めることができない。

流れ

## 上四方固（飛行機投（肩車）からの移行） No.24

### 膝をついて向き合った状態から、相手の中に入り肩車のように相手を返して抑込む

試合になると、立ち技が崩れたときや四つ這いから起き上がろうとしたときなど、膝を畳につけた状態で相手と向き合うことがある。このようなときは、**相手の脇に頭を入れ、肩車のような形で相手を返して寝技に持ち込む**ことができる。このように膝をついた状態からであれば、投げ技ではないので、足を取りにいっても反則にはならない。

相手を返したら、起き上がろうとする相手を制しながら、自分が相手の上になってしまえば、上四方固で抑込める。

## POINT 1
## 頭を相手の脇に差し顔を上げて袖を短く持つ

膝をついた状態で相手と向き合う体勢になったら、袖を取っている側、取っていなければ袖を取り、相手の脇に頭を差そう。このときは、ただ差すだけでなく、差したらしっかりと頭を上に向け、背筋を伸ばすことが重要だ。また、袖はできるだけ脇に近い部分を取るようにする。

## POINT 2
## 相手を追いかけながら足を滑り込ませて返す

相手は返されることを警戒して、後ろにさがっていくので、追いかけていこう。そして、袖を取っている側の足が、相手の足の前にくるくらいまで追いかけたら、写真のように足をさらに奥に滑り込ませるようにして肩の方向に返し、自分もそのまま相手についていこう。

## POINT 3
## 起き上がろうとする足を押さえ手を引きながら返って抑込む

相手を返すと、相手はすぐに起き上がってこようとするので、足を取っていた側の手で、相手の足を押さえつけておこう。この状態から、頭で相手の胸を抑えながら袖を取っている腕を引き付けるようにして反転し、相手と胸を合わせてしまえば、そのまま上四方固で抑込める。

### アドバイス
### 相手の足の向きと自分の肩を平行に

POINT 2で相手を返すと解説したが、ここでもう少し詳しく解説しておく。相手の足よりも前、つまり深く足を滑り込ませるが、写真のように、相手の足の向きと自分の肩の向きが同じ方向を向いていることが重要になる。これが別の方向を向いていては、返すのが難しくなってしまう。また、写真を見てもわかるとおり、背筋は曲げず、真っ直ぐにしておくことも重要だ。

流れ

## 上四方固
## （飛行機投（肩車）からの移行） No.25

# 飛行機投げを警戒し逆に返そうとする相手には、その力を利用して逆に倒して抑込む

No.24では、通称飛行機投げからの寝技への移行を解説した。しかし、脇に頭を差すと、相手が返させることを警戒し、逆にこちらを返そうとすることもある。そのようなときは、**相手のその力を利用して、飛行機投げとは逆方向に返してしまえばいい。**

飛行機投げの体勢になると、相手はこちらの脇に腕を差し、逆に返そうとする。そこでその力を利用し、体を預けて押し込み、飛行機投げとは逆方向に倒して寝技に持ち込む。No.24同様の体勢になるので、上四方固で抑込めばいい。

## POINT 1 相手の脇に頭を差し 袖を短く持って頭を上げる

№24同様、膝をついた状態で相手と向き合ったら、相手の脇に頭を差そう。そして、袖をできるだけ短く持ち、下がる相手を追い込んでいく。相手がこちらの脇を差し、返されるのをこらえるようなら、飛行機投げにこだわるのではなく、逆方向に返すことも考えよう。

## POINT 2 体を相手に預け 後方に押し込んで倒す

相手が飛行機投げで返されるのをこらえ、こちらの脇に手を差し込んで、逆に返そうとしていると判断したら、その力を利用して、相手が返そうとしている方向に倒そう。体を相手に預けるようにして、相手が逆に返そうとしている方向に体ごと押し込めば、相手を倒すことができる。

## POINT 3 相手の足を押さえながら 体を反転させて抑込む

相手が後方に倒れると、自分も相手の上に仰向けの状態となる。倒れるときは手を離さないようにしておくことが重要だ。そして、そのまま相手の上で回転し、胸を合わせてしまおう。№24の体勢に近い体勢になるので、相手の足を止めながら体を反転させ、上四方固で抑込もう。

### アドバイス 肘の外側から腕を回す

POINT 3で上四方固で相手を抑えるとき、写真のように相手の肘の外側から腕を回し、首の後ろ付近の襟を取るといい。これであれば相手の腕も体の間に挟まれ、肘も押さえることで、完全に殺すことができる。同時に、腕を深く入れている分、相手との密着度も増すため、より圧力をかけることができるようになる。

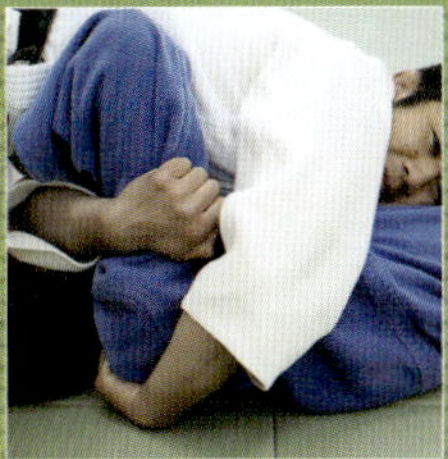

## 裏を取る（飛行機投（肩車）からの移行） No.26

# 飛行機投げで返そうとしたとき、腹這いになって逃げる相手には、脇を抜けて裏を取る

No.24、25では、通称飛行機投げを用いた寝技への移行を解説してきたが、実際の試合では飛行機投げに移行しようとしたとき、相手が足を取られるのを嫌い、腹這いになるくらい足を引いてしまうことも多い。こうなると、足を取って裏に返すこともできない。その場合は、**相手の裏に抜けて、背後から攻めに切り替えよう**。

袖を取っていた腕を、内側に差して抜き膝を立てる。もう一方の腕では相手の腰を抱き、相手の体を軸に密着したまま回転し、背後についてしまえばいい。

流れ

## POINT 1 返せない状態と判断したら素早く切り替える

飛行機投げで相手を返そうとしたとき、腹這いになるくらい足を引いて相手が防御することがある。このような体勢になってしまうと、飛行機投げで返すのは不可能に近い。返すのが無理だと判断したときは、攻め方を素早く切り替える判断力を持つことも大切なことだ。

## POINT 2 腕を差し膝を立てて相手の腰に手を回す

袖を取っていた手をいったん離し、写真のように相手の腕の向こう側に移動させよう。残したままでは、腕が引っ掛かり回れなくなる。同時に膝も立てて、裏に回る準備もしておこう。また、逆の腕では相手の腰を抱くようにして帯を取り、回転する準備もしておこう。

## POINT 3 相手の体を軸に回転し裏を取って攻める

裏を取る時は、相手の体を軸にして、抱いた腕を密着させたまま回転すると、最少半径で回ることができる。肘を立てた足をさらに前に踏み出し、頭と胸で相手の腕を振り払うイメージで後方に反るようにして、もう一方の足を継ぎながら移動させる。素早く裏を取り、背後から攻めよう。

## アドバイス 裏を取る練習を単独でも行う

国士舘高校では、このように裏を取る練習を単独でも行っている。ここでは飛行機投げからの移行で解説したが、こちらが四つ這いの状態で防御しているとき、相手が前から攻めてくる場合なども、この方法で相手の背後を取ることができる。

# 寝技を強化する意義１
## ～精神の鍛錬の場でもある～

寝技の練習は、特に中学生、高校生といった年齢層では有意義なものと言える。立ち技の練習では、一瞬の気の緩みや妥協が「投げられてしまう」という結果に直結するが、寝技は理に適うよう、順番通りに攻めていかなければ抑込むことができないため、妥協が許されないからだ。

まずは寝技の重要性を知り、寝技が好きになることが大切だ。そうすれば、寝技の練習で相手に抑込まれたり関節を極められたり、または絞められたりするのは、本気で柔道が強くなりたいと思っていれば思っているほど、悔しいものであると同時に、屈辱を味わうものの。それが試合ならなおさらだ。そのため、抑込まれたくない、関節を極められたくない、ましてや絞め落とされたくない、という「負けない気持ち」を養うには最適な練習であると言える。

お互いが本気になって抑込み、関節を取り、絞めにいってはじめて、「そうはさせない」「自分が攻める」という気持ちを引き出すことができるのだ。そういう意味でも、強い精神、妥協しない心、一瞬の気の緩みも許さない粘り強さを養う意味も込めて、寝技の練習を数多く取り入れてほしいものである。

第二章

# 下から攻めて抑込む

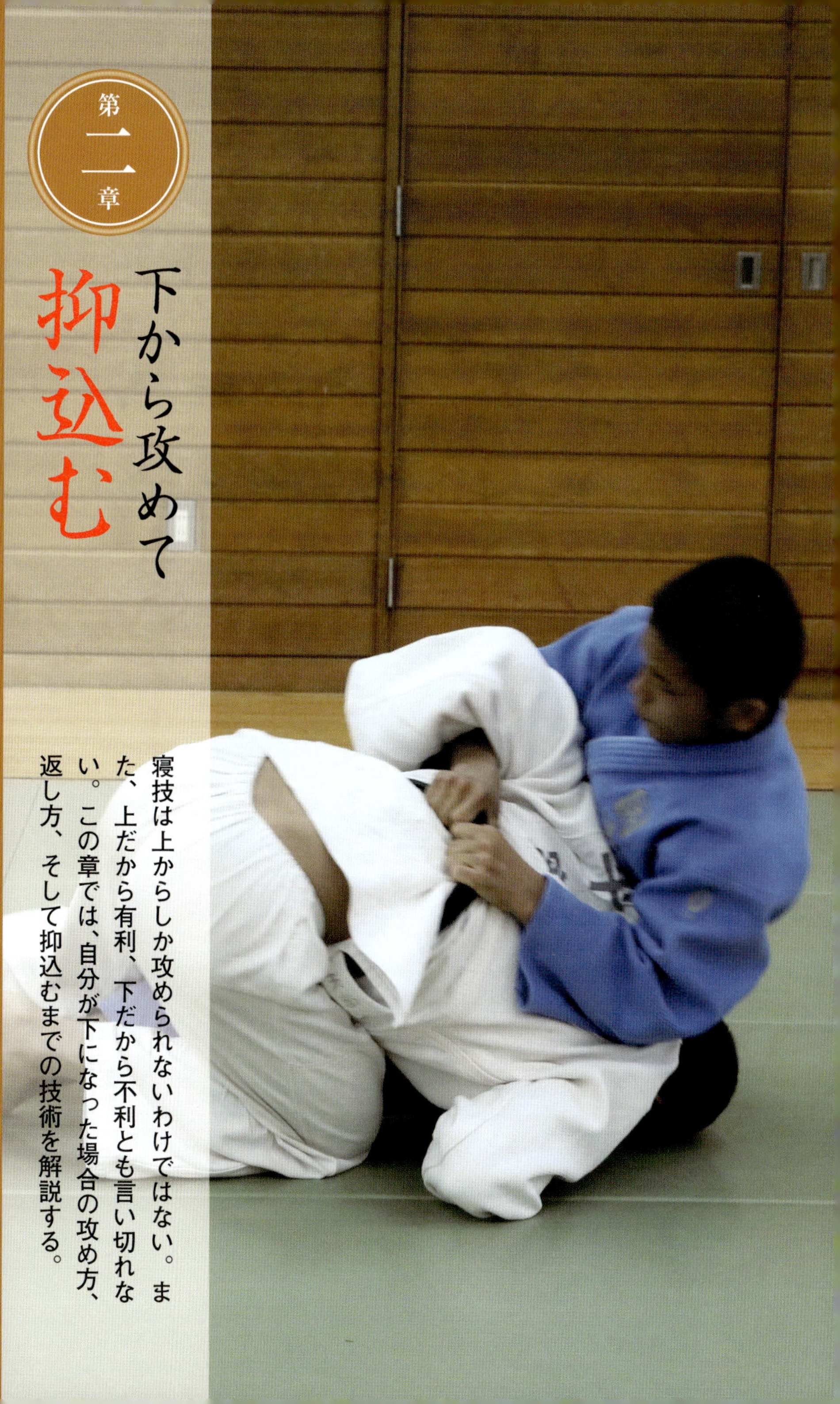

寝技は上からしか攻められないわけではない。また、上だから有利、下だから不利とも言い切れない。この章では、自分が下になった場合の攻め方、返し方、そして抑込むまでの技術を解説する。

流　れ

## 横四方固（下からの返し）

No.27

# 上から攻めてくる相手の片側の腕と足を制して返せば、横四方固で抑込める

寝技では、必ずも下になっているものが不利とは限らない。

自分が仰向けで、相手が上から攻めてくるときは、片襟のように袖と襟を取り、まずは**相手の腕を自分の帯の上に着かせ**よう。そしてその腕を抱え込むように、**両腕を横から回し、帯を握る**。これで相手の片手を制することができる。その上で腕を制した側の膝に、横から足の裏を当て、こちらも制してしまえば、支えるものがなく、片足ブリッジで比較的簡単に相手を返せる。これは国士舘柔道伝統の技だ。

POINT 1

## 相手の腕を帯の上に着かせ外側、横から帯を取る

上から攻めてくる相手には、片襟のように袖と襟を取って引き付け、その手を自分の腹、帯の上に着かせ、相手を引き付けてしまおう。そして素早く袖を取っていた手を横から素早く手を回し、相手の帯を握る。相手の外側の肘と、自分の内側の肘が着くくらいのイメージで取ると効果的だ。

POINT 2

## 相手を引き付けて足裏を膝の外側に当てる

もう一方の手でも相手の帯を取り、相手の全体重を自分の腹に乗せるようなイメージで、相手の片腕を体と体の間に挟みつければ、完全に殺せる。同じ側の膝に、外側から足裏を当てて止めれば、支えるものがなくなり、空いている側の足で片足ブリッジすれば、相手を返すことができる。

POINT 3

## 相手を返し横四方固で抑込む

POINT 2でも触れたが、相手の片側を完全に制することができたら、素早く残っている足でブリッジし、相手を返そう。相手を返したら自分もついていけば、そのまま横四方固で抑込むことができる。体勢が不十分だと感じるなら、相手の首を抱き直して、横四方固に移行させてもいい。

アドバイス

## 完全に腕を殺すコツを習得しよう

POINT 2で相手の片腕を完全に殺してしまうと解説した。相手の体と自分の体の間に腕を挟んでサンドイッチ状態にさせ殺すわけだが、そのために、帯を取った腕を引き付けたりブリッジして圧力をかけるのだ。しかし、この「圧力をかける」行為は、意外とうまくいかないことが多く、途中で腕を抜かれてしまうといった状況を作ってしまう。そこで、練習の中で相手に圧力をかけてみて、完全に極まっているか聞いて確認してみるなどして、完全に極めるコツを習得しよう。

流れ

## 横四方固（下からの返し） No.28

# 相手の手を腹に乗せられなかったら、もう一方の腕をすくって極め、逆側に返して抑込む

No.27では、相手の手を自分の腹、帯の上に着かせて極める方法を解説した。しかし、それを狙っていても、相手が手を外側に着いてしまう場合もある。

そのようなときは、深追いするのではなく、**逆の腕を内側から関節を取るようなイメージですくい取り、自分の肩に乗せながら肘を極めて伸ばして**しまおう。相手が自分の上に乗ってきたらもう一方の手で帯を取り、膝を蹴って伸ばし足裏を当てれば、相手を返すことができる。そのまま横四方固で抑込めばいい。

## POINT 1 内側から腕を回して相手の腕をすくい取る

相手の手を自分の腹に乗せることができず、畳に手を着かれてしまうようなら、逆の腕を取りにいこう。このときは内側から脇を差して腕を回し、すくい取るようなイメージだ。そして相手の腕を肩に乗せ、肘で相手の肩と肘を極めて一直線に伸びるような形にしてしまうといい。

## POINT 2 帯を取って膝を蹴り相手を返す

肩と肘が極まり、相手が自分の上に乗ってきたら、もう一方の手で相手の帯を取り、さらに引き付けてしまおう。そして、肩を極めている側の膝を蹴り、足も伸ばさせてしまい、そのまま外側から足裏を膝に当てる。こうすることで、こちら側には支えるものがなくなり、相手を返せる。

## POINT 3 上体ともう一方の足の蹴りで相手を返して抑込む

POINT 2の体勢ができたら、もう一方の足首を相手の膝の内側に入れ、上体の回転と同時に、その足の蹴りも使い、相手を返してしまおう。No.27同様、そのまま自分もついていけば、横四方固で、あるいは状況によっては縦四方固で、そのまま相手を抑込むことができる。

## アドバイス 対応が異なる場合もある

POINT 2では、相手の膝を蹴って足を伸ばさせると解説したが、状況によっては、この蹴りを必要としない場合があるかもしれない。腕の極めがしっかりしていて、かつ、引き付けが強かった場合などで、相手が動きについてこれない場合などだ。このようなときは、回転させるときに足を開いて防御されないよう、すぐに膝の外側に足裏を当てて、相手を返してしまおう。寝技では、必ずしも同じ状況になるとは限らず、状況に応じた対応が必要になることもある。

流れ

## 肩固（下からの返し） No.29

# 相手の腕を反対側の肩に乗せ、肩固の体勢を作ってから膝を蹴って海老反りにして返す

No.27では、相手の手を腹に乗せて返す方法を、No.28では逆の腕をすくって返す方法をそれぞれ解説したが、試合中には、さまざまな状況がある。そこで、もう一つの方法として、相手の腕を反対側の肩（右腕なら右肩）に乗せて返す方法を解説する。

相手の腕が中央でもなく、外側でもなく、内側に入ってきたら、その**腕を自分の肩に乗せ、素早く肩固の体勢を作って**しまおう。その状態から**両膝を蹴れば、相手は海老反りになる**ので、回転すれば、そのまま肩固で抑込める。

## POINT 1 相手の腕が内側に来たら肩に乗せて肩を極める

相手の腕が中央でもなく、外側にくるわけでもなく、逆に内側に入ってきたら、相手の腕を引き込み、肩に乗せてしまおう。そのまま素早く写真のように肩固の体勢を作って極めてしまう。もちろん、これだけでは抑込にはならないが、この状態でしっかり肩を極めておくことが重要だ。

## POINT 2 両膝を蹴って伸ばし相手を海老反りにさせる

上半身で肩固の体勢がしっかり極まったら、相手の両膝を両足で蹴って伸ばしてしまおう。上半身が極まっているため、相手は海老反りの恰好になる。膝を蹴った足は、そのまま足に当てておき、相手が足を広げたり膝を着きなおして体勢を戻そうとするのを防いでおこう。

## POINT 3 蹴った足で膝を止め返して肩固で抑込む

POINT 2で相手の膝を蹴って足を伸ばさせたら、返す側、つまり肩固をしている側の膝に、外側から素早く足裏を当て、止めてしまおう。こうすることで、軸になる側を一直線にさせられるので、回転して相手を返してしまえば、そのまま肩固で抑込むことができる。

### アドバイス 足を上手く使い相手を下げる

実際の試合では、相手の腕を反対側に持っていき肩に乗せるのは、簡単にはいかない。下からの攻めなどを用いながら、相手が前に出て攻めてくるタイミングを利用して、腕を横に逸らせよう。その上で、両足を上手に使い、相手を下げさせるのが最大のポイントなのだが、これも練習を積んでおかないと、簡単にはできない。また、肩を極めるときは、相手の頭が自分の頭より上にあると攻められてしまうので、この点においても、相手をしっかり下げられる足使いを覚えておこう。

流　れ

縦四方固
（引込返し）

No.30

# 上からくる相手を横にずらし、引込返しで相手を返せば、縦四方固で抑込める

試合中、相手が上になり攻めてくる場合で、引き込むことができたら、自分の上に重ねて抱き込むのではなく、横にずらしてしまおう。そして相手を**引き込んだ側の腕で相手の帯を背中から取り、もう一方の腕で相手の腕を外側からすくい取り、帯を取っている自分の手首を握る**。いわゆる引込返しの基本パターンだ。内側の足は相手の内腿にかけ、外側の足は膝を立てておくと、相手が起き上がろうとしても、上半身の体勢を変えることなく、相手の動きについていくことができる。

## POINT 1 相手を横にずらして帯を取り腕をすくう

上から攻めてくる相手を引き込み、横にずらしたら、写真のように、すかさず上から帯を取ろう。もう一方の手でも腕を内側からすくい、帯を取る。あるいは肩から回して帯を取っていた自分の手首を握ろう。帯を取るよりも、自分の手首を握った方が、より効果は発揮しやすい。

## POINT 2 内側の足を相手の内腿に当てもう一方の膝を立てる

相手の帯を取り、もう一方の手で自分の手首を握るのと同時に、足は、内側の足を相手の内腿に当て、もう一方、外に出ている足は、膝を立てておく。こうすることで、相手が起き上がろうとしたとき、上体の極めを維持したまま、相手の動きについていけるようになる。

## POINT 3 自分の首を後方に振りながら相手を返して抑込む

帯を取っている側の膝に全体重を乗せるつもりで相手を押さえつけると同時に、膝を立てている外側の足では自ら起き上がるようにすれば、相手を返すことができる。このとき重要なのは、首を後方に向けるように振ること。こうすることで、より力強く返すことができる。

## アドバイス より効果的に腕を極める方法

POINT 1では、手首を握る方が効果的だと解説した。これは帯を取るよりも腕の位置が高くなり、より効果的に腕を極めることができるからだ。それをより効果的にするには、写真のように手首を内側に曲げ肘を上げればいい。

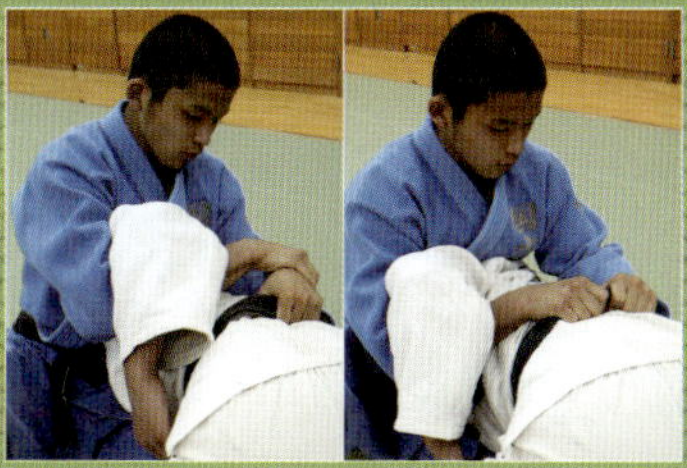

流　れ

縦四方固
（引込返し）

No.31

## 横に返す引込返しで、こらえられたら、中に入り引込返しで返す

No.30では、基本的な引込返しの方法を解説した。解説したように、引込返しでは、相手が立ち上がっても状態が崩れないよう、膝を立てて準備しておくが、実際に相手が立ち上がり、踏ん張って返せなかった場合は、どのようにすればいいのだろうか。ここではその場合の返し方を解説する。

相手を回して返すことができないようなら、足を開き踏ん張っている。そこで、**上体を極めたまま、足から相手の中に入ってしまおう**。そして後方に回せば、相手を返すことができる。

## POINT 1 上半身を極め膝を立てておく

No.30で解説したとおり、引込返しは上の相手を横にずらし、肩から帯をつかんで、もう一方の腕で相手の腕を内側からすくうようにして帯を握っている手首をつかもう。このとき、相手に立ち上がられても、それについていけるよう、外側の足は膝を立てておくことが重要だ。

## POINT 2 相手が立ち上がったらついていき中に入る

返す前に相手が立ち上がってしまっても、極めた上半身は崩さず、相手の動きに合わせ一緒に立ち上がろう。その状態で相手を横に回してみても回らないようであれば、上半身を極めたまま、膝を立てていた足を相手の股の間に入れるようにして、自分から中に入っていく。

## POINT 3 相手を後方に回し縦四方固で抑込む

すでにPOINT 1の状態のとき、一方の足は相手の足の間に入っている。両足を相手の中に入れたら、上半身の回転と、先に入っていた足を使い、相手を後方に回そう。自分もそのままついていけば、自分が相手の上になる。両足を開かせ、縦四方あるいは横四方固に移行させよう。

### アドバイス まずは横に返すことを心がける

ここで解説した中に入って回転する返し方は、No.30で解説した横に返す返し方を試みて、それでもこらえられて相手が立ち上がろうとしたときにこそ、効果を発揮する。横に返そうとして、相手がそれに対応してしまい、横に返されることをこらえているからこそ、それがフェイントとなり、不意を突かれて縦に対応できなくなるのだ。横に返すことを最初からフェイントにしてしまうと、相手が本気でこらえなくなるので、あくまで最初は横に返す、という意識を持っておこう。

流　れ

## 横四方固（引込返し）　No.32

# 引込返しで相手が踏ん張り横に返せなければ、膝を蹴って足を伸ばさせて返す

No.30では、基本的な引込返しの方法を解説したが、実際の試合では、相手が踏ん張り、どうしても返すことができない、という場合もあるはずだ。

そのようなときは、相手は膝をつき、踏ん張っているので、元々相手の内腿にかけていた方の足をいったん引き付け、**足裏で膝を蹴り、伸ばしてしまえばいい**。瞬間的に相手の足が伸びるので、その隙に一気に返す。そのまま相手についていけば、横四方固あるいは状況によって縦四方固に移行させることができるようになる。

## POINT 1 引込返しで返してみる

No.30で解説した引込返しの基本動作で、相手を横に返してみよう。体格差があったり、相手が踏ん張ったりして、どうしても返すことができない場面も試合には必ず存在してくる。そのようなときは、こだわりすぎて無理をするのではなく、次の手段に移った方が得策だ。

## POINT 2 相手の膝を蹴って足を伸ばさせる

相手の踏ん張りでどうしても返せないと判断したときは、上体は極めたまま、元々内腿にかけていた足をいったん引こう。そして足裏で、返したい側の相手の膝を蹴って伸ばしてしまえばいい。相手の足が伸びた瞬間を逃さず、元に戻される前に、一気に相手を返してしまう。

## POINT 3 相手を横に回し横四方固で抑込む

POINT 2で相手の足を伸ばし、踏ん張りを効かなくさせたら、すかさず横に回転して返してしまおう。相手は腕と足が一直線になっているので、比較的簡単に返せるはずだ。この体勢からであれば、横四方固、あるいは状況に応じて縦四方固で抑込むことができる。

## アドバイス 得意な形で抑込もう

POINT 3で、横四方固または縦四方固で抑込むと解説した。本書では、再三にわたって、横四方固か縦四方固、あるいは、袈裟固か横四方固など、何通りかの抑込の形で解説しているが、これには理由がある。同じ返し方をしたとしても、着地したときまったく同じ体勢になっているとは限らないからだ。また、どちらの形でも抑込めるのであれば、自分が得意としている方法を選択した方が、逃げられる可能性を低くすることができる。つまり、より確実に抑込むことができる。

流れ

縦四方固
（引込返し）

No.33

# 引込返しで相手が踏ん張り横に返せなければ、逆の膝を蹴って足を伸ばさせて返す

No.32では、基本的な引込返しで相手が踏ん張り返せなかったときの対処法を解説した。ここでは、同じく相手が踏ん張って返せなかった場合の、もうひとつの対処法を解説しておく。

この方法は、相手が返されるのを嫌い、踏ん張ってこらえていることを利用し、逆の方向に回して返す、というものだ。No.32では、元々足を入れていた側の足で膝を蹴ったが、**ここでは元々立てていた側の足でNo.32とは逆側の足を蹴り、足を伸ばしてしまえば**、比較的簡単に返すことができる。

POINT 1

## 引込返しで返してみる

No.32同様、まずは引込返しの体勢になったら、基本動作で相手を返してみよう。それでも返せない場合には、次の手段を考えよう。あるいは、同じ相手に対し、何度もこのような状況が生まれるようであれば、フェイントを用いて、表で攻めて裏で返す、ということも考えてみる。

POINT 2

## 相手の膝を蹴って足を伸ばさせる

No.32同様、相手の膝を蹴るが、ここでは、元々膝を立てていた側の足裏で、No.32とは逆の足の膝を蹴ろう。相手は返されまいとして踏ん張っているため、重心は逆の足に乗っている。ここで重要なのは、上半身では通常の引込返し同様、帯を持った腕の膝に全体重を乗せておくことだ。

POINT 3

## 足を伸ばしたらすぐに回転し相手を抑込む

POINT 2で相手の膝を蹴って足を伸ばさせたら、元に戻される前にすばやく相手を返してしまおう。このときは自らが横に回転するようなイメージで、相手を巻き込むように回転するといい。相手を返したら、横四方固、あるいは状況に応じて縦四方固で抑込もう。

アドバイス

## 背中が着く直前足を反対に向ける

相手を返すとき、体を最後まで密着させたまだと、返ったとき、相手の上に乗ってしまう。胸を合わせて返し、相手の背中が畳に着くくらいになったら、畳を蹴り、相手の足の上をジャンプするように両足を反対側に向けてしまおう。

流　れ

袈裟固
（引込返しの変形）

No.34

# 相手の脇を差せなければ、下から相手の裾を取って返して抑込む

№30から№33までは、基本的な引込返しの動作と、その応用を解説してきたが、実際の試合では、帯を取っても、もう一方の腕で相手の脇を差すことができない、という場面も多い。相手が脇を差させることを嫌い、脇を締めるからだ。

このようなときは、無理に脇を差しにいくのではなく、脇を差す代わりに**相手の腹の下に腕を通し、反対側（遠い側）の裾を取ろう**。そして、裾を引き付けながら帯を取っている側の肘に全体重を乗せれば、相手を返すことができる。

## POINT 1 脇を差す代わりに下から裾を取る

上から攻めてくる相手を横にずらして上から帯を取り、もう一方の手を脇に差そうとしても、相手が脇を締めていて差せない場合がある。そんなときは、脇を差す代わりに腹の下から腕を通し、遠い側の裾を握ろう。効果的な握り方は、アドバイスで詳しく解説している。

## POINT 2 肘に全体重を乗せ裾を引き付けて回す

裾を取っている側の腕を引き付けて、帯を取っている側の肘に全体重を乗せながら相手を回そう。腰をハンドルに見立て、横に向けるイメージだ。このときは、腕だけでなく、体を相手に密着させ、体全体を使って相手を押し込むようにすると、より回しやすくなる。

## POINT 3 相手を返したら、足を抜きながら腕を同時に持っていく

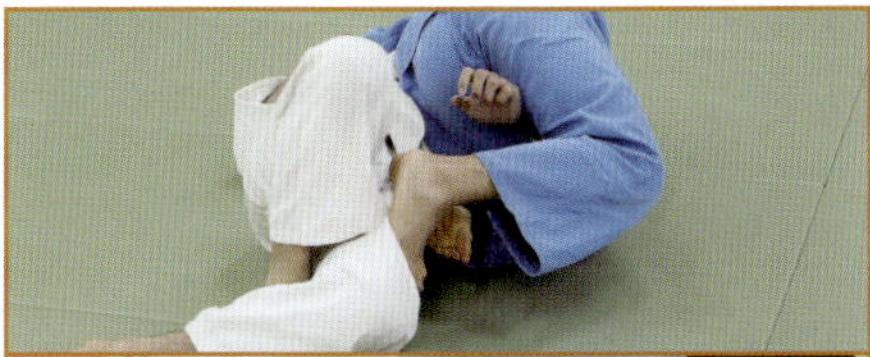

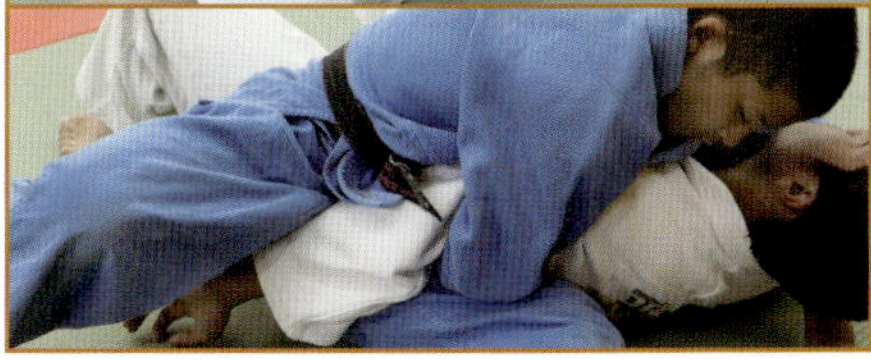

POINT 2で相手を返すと、上の写真のように、腕で足を持ち、足を絡めてくることが多い。そんなときは、足を抜くのと同時に、足にかけていた相手の腕を、膝の裏にかけたまま引き付けてしまえば、腕を極めることもできるので、そのまま袈裟固で抑込むことができる。

### アドバイス より効果的な裾の握り方

POINT 1で相手の裾を握ると解説したが、このとき、単に握るよりも、より効果的に相手を引き付けられる握り方がある。それは、写真のように親指を相手の道着の中に入れて握り、手首を返すことだ。

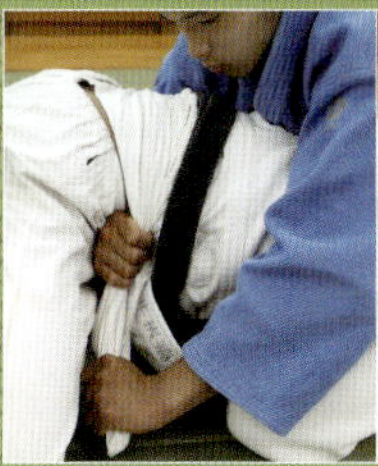

# 寝技を強化する意義2
## ～技術伝承の場でもある～

柔道の歴史をたどると「柔道は立ち技から始まる」といった暗黙の了解のような掟があった。その一方では、寝技に長けた人たちによる「高専柔道」という、寝技中心の柔道を志す人たちもいて、寝技の強さについては群を抜いていた。

現在は、柔道の国際大会などを見てもわかるとおり、世界的にも寝技の重要性が高く求められるようになってきている。言い方を変えると、日本の柔道も、寝技の技術向上が求められる時代となったといえ、寝技の技術向上なくして、すでに世界とは戦えないところまで来ていると言っていい。

指導者は、日本の先駆者たちが築き上げてきた、素晴らしい寝技の技術をあらためて勉強し直し、後世に伝えていかなければいけない義務がある。寝技の技術を習得して、世界に出て行った選手たちが活躍することが、今後の日本柔道発展に大きく寄与すると理解しておいてほしい。

選手の皆さんも、それらを理解し、しっかりとした寝技の技術を習得し、一人でも多くの選手が、いずれ世界で通用する選手となり、日本柔道復権の一翼を担う存在となってほしいと願っている。

第三章

# 立ち姿勢からの連携

柔道では、相手を投げても、一本にならなかったことを前提として、そのまま抑込に連携させなければならない。または、立ち姿勢から寝技に持ち込むための方法など、立ち姿勢からの連携を解説する。

**流　れ**

## 横四方固（立ち技（喧嘩四つ）からの移行） No.35

# 喧嘩四つの相手に対して、引き手で相手の帯を上から取り、回転させて抑込む

立ち姿勢から寝技に持ち込む場合、投げ技からの連携以外に、相手を引き込む方法もある。ここでは、喧嘩四つの相手に対し、立ち姿勢からの帯取り返しで寝技に持ち込む方法を解説する。

お互い釣り手を取り合っている状態から、もう一方の手で片襟を取ろう。取ったら頭を突っ込ませるように相手を引き込み、**引き手で肩口から背中に手を回し、帯を取る**。そして、相手の股の間に足を滑り込ませるようにして後方に回転しよう。そのまま横四方固で抑込もう。

## POINT 1 喧嘩四つの相手に対し、片襟で引き込み帯を取る

喧嘩四つの場合、釣り手を取ったら、引き手争いをしながら、隙をついて片襟を取ってしまおう。両手で襟が取れたら、頭を下げさせるように引き付け、引き手で相手の肩から帯を取る。このとき大切なのは、相手の肩が抜けないよう、脇の下に入れ、しっかりと引き付けてしまうことだ。

## POINT 2 相手の股の間に足を入れ、脇を差し後方に回転して返す

頭を下げて引き付けたら、相手の股の間に足を滑り込ませるようにして入り、後方に回そう。このときは、足を滑り込ませるとき、襟を取っていた引き手を脇に差して腕をすくい、片足を相手の内腿に掛け、腕と足の両方で相手を回すことだ。そのまま自分も回れば、相手の上になれる。

## POINT 3 脇に差した腕を入れ替えて横四方固で抑込む

相手を回すときの状態で、返ったときの相手との向きが、一直線になるようであれば上四方固で、真上に重ならず、体が横に出ているようなら横四方固で抑込もう。回るとき相手の脇に差していた腕を、それぞれの抑込の形に持ち替えれば、そのまま抑込に持ち込める。

### アドバイス 足や手で相手を操作する

ここで解説した帯取り返しは、相手を前屈みさせて帯を取るが、このとき、自分の脇と相手の肩を密着させておくことが重要だ。その上で、自分の体と相手の体をひとつのボールにしたようなイメージで回転させよう。また、回転したとき相手の背中がきれいに畳に着いてしまうと、一本や技ありになってしまう可能性があるため、相手は体を反転させようとする。そこで、股に入れている足や帯を取っている腕で相手を操作し、反転させないようにすることができれば上級者と言える。

**流れ**

## 裏を取る（立ち技からの移行） No.36

# 相手と組み合わずに寝技に持ち込むには、支釣込足のように下に落とす

試合の中で、相手とまともに組み合いたくない状況。たとえば、相手が非常に強い、組み手争いで奥襟を叩かれてしまう、あるいは寝技に絶対的な自信があり、すぐに寝技に持ち込みたい。このような場合、**釣り手を取ったら、相手が奥襟を取りに（叩きに）くる瞬間を狙い、袖を取って斜め後方に落としながら、支釣込足の要領で相手を倒してしまう**といい。

この場合、相手は腹這いに倒れるので、相手に合わせて着いていけば、そのまま上から攻めることができるようになる。

## POINT 1 引き手で相手の腕を斜め後方に落とす

自分が引き手を取っていて、相手が釣り手を取っていない状態のとき、襟を取られる前に写真のように体を開きながら、引き手を自分の前を通過させて、相手の腕を斜め後方に落とそう。同時に片襟を取り、両方の腕で相手の圧力を後方に逃がす。次に解説するPOINT 2も同時に行う。

## POINT 2 支釣込足のように足裏を膝に当てる

POINT 1と同時に、足は支釣込足のように相手の膝に当てておく。上半身は下に落とし、下半身はその場に止めておくようにすることで、相手は体を支えるものがなくなり、そのまま落ちていく。膝に足を当てるときは、足を伸ばして足の裏をしっかりと当てるようにしよう。

## POINT 3 相手に着いていって背後から攻める

相手が落ちていったら、着地するまで待つのではなく、その動きに合わせて追いかけていこう。防御するものが何もない状態なので、着地してしまうまでの間に、両襟を取ってしまえば、その後の展開が楽になる。また遅れてしまうと、せっかく落としても、すぐに防御の体勢を作られる。

### アドバイス 腕を逸らせなければ落とせない

POINT 1で自分の体を開きながら相手の腕を落とすと解説した。この段階で相手の腕をしっかり自分の体から逸らすことができず、たとえば襟を取られないまでも、肩に手を当てられてしまうなどの状況になってしまうと、相手は自分の体を支えるものができるため、支釣込足のような状態を作っても、絶対に畳に落ちていかないので注意しておこう。また、相手が畳に落ちていくときは、覆いかぶさるように追いかけていくと、もう一方の襟も取りやすくなり、断然有利になれる。

流れ

裏を取る
（立ち技からの移行）

No.37

# 背負投がかからなかったら、相手の背中を抱いて後ろに着いて攻める

試合中、背負投で投げようとしても投げられず、両者が畳に膝を着き、引き手、釣り手を引き合いながら下を向いてしまうようなことがある。このような状態になったときは、お互いが釣り手、引き手を引きあっているため、相手を返すのは難しい。

そこで、このような状況になったら、**釣り手を離し、相手より先に相手の腰を抱いてしまう**といい。腰を抱き、相手の背後に回り込んで、この状態から相手を返して抑込む、あるいは絞め技、関節技に移行させていく。

## POINT 1 投げるつもりで投げて最後まで技をかける

この方法は、あくまでも背負投で投げようとして投げられなかった場合の、寝技への移行であると覚えておこう。寝技に移行させることが前提の背負投では、引き手、釣り手が畳に着くほど低い体勢にはなりにくい。最後まで技をかけきってこそ、はじめて相手の背後に回れる。

## POINT 2 釣り手を離して相手の腰を抱く

背負投がかからず、両者が頭を落とすとして畳に膝を着いてしまうような状態になってしまったら、お互いが引き手、釣り手を引きあっている互角の状態なので、ここから相手を返すのは難しい。そこで、他の方法として、釣り手を離し、素早く相手の腰に手を回して抱いてしまおう。

## POINT 3 相手の背後に回り技を仕掛けていく

相手の腰を抱いたら、引き付けながら素早く相手の背後に回ってしまおう。これで、四つ這いの相手を上から攻める状態を作り出すことができる。この状態になったら、相手に防御の体勢を作られてしまう前に、素早く技を仕掛けにいく。相手を返して抑込に、絞め技、関節技でもいい。

### アドバイス 形だけの練習では身に付かない

ここで解説した技術は、練習の中で本気になって技をかけて投げにいき、それでも投げられず、両者が畳に膝を着くような状態になってはじめて行うものだと考えよう。ただ投げた形を作り、両者が膝を畳に着く状態を作ってから背中を抱きにいくのでは、まったく身に付かない。試合のように本気で投げ、それでも両者が膝を着いてしまい、その状態からどちらが先に背中を抱くかが重要なのだ。試合で腰を抱きにいきたいがために、わざとかからない技をかけることはあり得ない。

流　れ

## 横四方固（立ち技からの移行）　No.38

# 背負投がすっぽ抜けて相手が反対側に来たら、腕を極めて返す

No.37では、背負投で投げようとしても技がかからなかった場合の寝技への移行を解説した。背負投で相手を投げようとしたとき、相手が反対側に体を移動させ、いわゆるすっぽ抜けてしまう状態になることもある。

このときは、**両者が畳に落ちても、引き手を絶対に離さない**でおこう。畳に落ちたらすぐに相手の頭を跨ぎ、引き手を道着の裾で極めてしまう。その後、相手の横に体を移動させ、足を開かせて仰向けにしてしまえば、横四方固で抑込める。

## POINT 1 背負投がすっぽ抜けても最後まで引き手を離さない

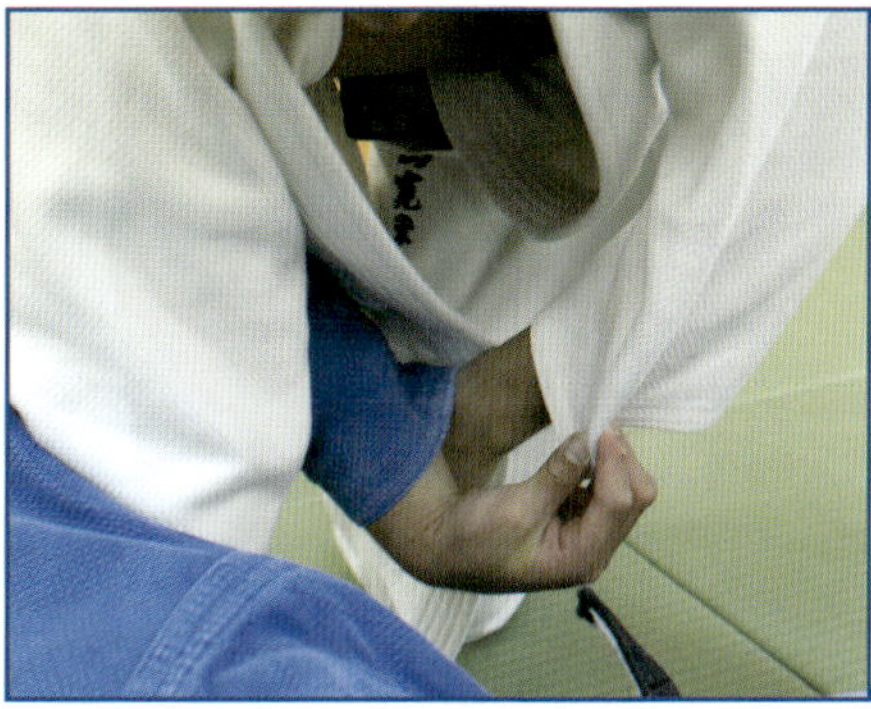

背負投で投げようとしたとき、相手が体を移動させ、いわゆるすっぽ抜けた場合でも、本気で投げようとして体勢を低くして、手が畳に着くくらいで技をかけていれば、相手は腹這いに畳に落ちる。この状態になっても、引き手は絶対に離さず、すぐに上体を相手の上に乗せてしまおう。

## POINT 2 相手の頭を跨いで腕を極めてしまう

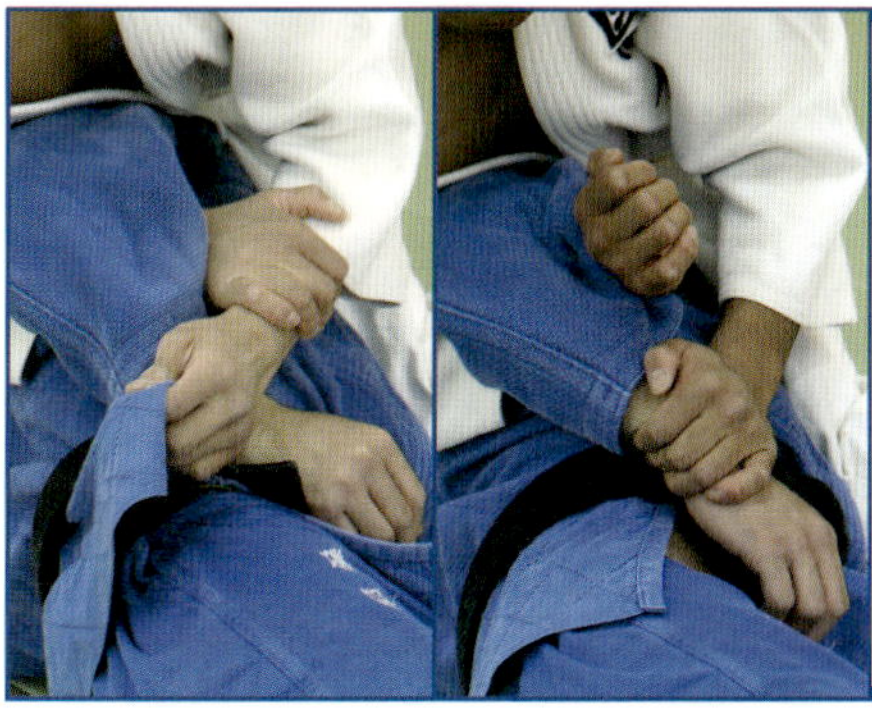

POINT 1で相手に上体を乗せたら、すぐに頭を跨ぎ膝で挟み、肘に腕を差して両腕を使って相手を横向きにさせてしまおう。そして、相手の道着の裾を取って肘に差した手で持ち、写真のように腕を極めてしまうといい。これで相手の片腕を完全に殺すことができる。

## POINT 3 相手の横に移動して横四方固で抑込む

相手の片腕を極めたら、空いている側の腕で相手の足を取り、逃げられないようにしてから横に移動する。取っていた足を外に開かせると同時に膝でも相手の顔を押し広げていけば、相手の体が伸びて仰向けにさせられるので、胸も合わせながら横四方固または上四方固で抑込める。

### アドバイス 投げられなかった場合の手段のひとつ

No.37のアドバイスでも触れたが、練習のとき、背負投がすっぽ抜けた状態を作ってからの移行では、まったく意味がないと理解しておこう。あくまで背負投で投げ、相手に逃げられても、コントロールして最後まで相手の背中を畳に着かせることを意識し、それでも逃げられてしまった場合の手段であると心得ておこう。技をかけられる側も、本気で技を避ける必要がある。技の避け方も人それぞれであり、それぞれの状況に対応できるようになってこそ、自分のものにできる。

流　れ

横四方固
（立ち技からの移行）
No.39

# 大内刈（小内刈）で一本にならず相手が仰向けのまま防御していたら、上を極めて足を抜く

小内刈や大内刈で一本にならなかったような場合、相手は仰向けで倒れ、こちらは片足を相手の足の間に残したまま畳に落ちていくことが多い。

このようなときは、相手の足の間にある足は、**膝を立てて深く絡まれないようにしておき、まずは上を極めてしまう**ことを考えよう。上を極めてしまったら、絡まれている足を腕で足首まで落とし、外にあった足を相手の足の間に入れ、両足の足首を相手の内腿にかけて割ってしまう。その後、相手の横に体を落としていく。

POINT 1
## 相手を倒したら膝を立てて上を極める

足を刈って相手が尻もちをつくように倒れていったら、こちらもその動きについていこう。先に上を極めにいくが、相手の足の間に残っている足は、膝を立てておく必要がある。膝を立てていないと、足を深く絡まれたり、二重絡みされ、足を抜きにくくなるからだ。

POINT 2
## 相手の足を腕で落とし両足で割る

上が極まったら、次は足を抜きにいく。まずは空いている手で絡まれている相手の足を取り、足首まで落とす。その後、外に出ていた足の足首を、相手の太腿の付け根付近に当てる。この動作を、絡まれている足でも行い、両足の足首を太腿の付け根に当てて足を割らせてしまう。

POINT 3
## 横に滑り落ちて抑込む

横四方固に移行するときは、体を横に滑り落ちすとき、たとえば右に出るなら、写真のように左足のスネを相手の右足の付け根に当てるようにしながら移動していくといい。この動きができれば、再度足を絡まれることもなく、横に出ることができるので、すぐに抑込に移行できる。

アドバイス
## 最後まで畳に背中を着かせるつもりで

これまでにも触れてきたが、立ち技からの寝技への移行では、最後まで一本を取りにいく姿勢を持っておくことが重要だ。技をかけた後、相手をコントロールして両肩、背中を畳に着かせるつもりで相手を倒し、それでも一本にならなかった場合を想定して、そのまま抑込に入る、という意識だ。それはもちろん、試合だけに限ったことではなく、普段の練習からこのような意識で行っておかないと、実際の試合では、まったく効果のないものになってしまうと心得ておこう。

## 袈裟固
## （立ち技からの移行） No.40

# 大内刈（小内刈）で一本にならず相手が仰向けのまま倒れたら、そのまま袈裟固に移行する

No.39では、大内刈または小内刈で相手と共に倒れ込んでいった場合の抑込への移行を解説したが、自分が倒れ込まず相手だけが畳に尻を着くような状態であれば、追いかけていって、そのまま袈裟固に移行させてしまえばいい。

相手が畳に尻を着いたら、追いかけて**外に出ている側の足をできるだけ前に置きながら、釣り手と引き手は離さずに引き付け**て、相手の背中を畳から浮かせてしまう。内側に残っている足は、スネを相手の内腿に当てて押さえつけてから、体を滑り込ませる。

流れ

## POINT 1
### 相手を倒したら釣り手、引き手を引き付ける

足を刈って相手が尻もちをつくように倒れていったら、釣り手、引き手は離さないで取ったまま、こちらもその動きについていこう。相手が完全に倒れたら、取っていた釣り手と引き手を引き付けて、背中を畳から離してしまえば、相手は逃げることができなくなる。

## POINT 2
### 外側の足を前に着き残した足で相手の膝を割る

POINT 1と同時に、外側の足は膝を立て、できるだけ前方に着くと、相手を引き付けやすくなる。また、相手の足の間に残っている足は、写真のように足首を相手の足の付け根に当て、膝を割らせておく。こうしておけば、足を絡められても、深く絡まれることもない。

## POINT 3
### 足を絡んできたら蹴って抜く

POINT 2の状態になったら、体を滑らせるようにして袈裟固に移行するが、内腿に当てた足首に相手の足が絡んでくるようなら、前に着いていた足で相手の足を蹴ってしまおう。深く絡まれていることはないので、比較的簡単に抜けるはずだ。足が抜けたら、袈裟固に移行させる。

### アドバイス
### 前足を前に着きしっかり引き付ける

ここで解説した技術では、特にPOINT 1と2が重要になる。前足をしっかりと前に置き、釣り手引き手をしっかり引き付けていないと、相手に引き付けられてバランスを崩し、逆に返され抑込まれてしまう危険がある。絡まれた足を抜く動作をする前の段階、前足を前に着地させてしっかりと踏ん張り、釣り手引き手で相手を操作できてこそ、足を抜いて抑込に移行できると心得ておこう。慌てて抑込むことばかりに意識がいってしまうと、すぐに形勢を逆転され、抑込まれる。

## 流　れ

上四方固
（立ち技からの移行）
No.41

# 大内刈（小内刈）で相手が反対側に逃げようとしたら、跨いで腕を極めて返す

No.40では、小内刈または大内刈で倒した後、相手が仰向けの状態からの抑込を解説したが、倒れた相手が仰向けのまま防御してくるとは限らない。抑込まれるのを嫌い、横に回転して逃げようとすることもあるはずだ。

このようなときは、相手の**上になっている側の腕を釣り手で捕まえながら相手の頭を跨いでしまえばいい**。そして上になっている腕を極めてしまえば、No.38で解説した背負投ですっぽ抜けた場合の寝技への移行と同じなので、相手の足を取り、抑込に移行できる。

## POINT 1 回転して逃げようとしたら釣り手で腕を取る

足を刈って相手が畳に倒れると、寝技で抑込まれるのを嫌がり横に回転して逃げようとする。このようなときは、写真のように、釣り手を離して相手の腕を抱えてしまおう。このように腕を相手の肘に入れて引き付けてしまえば、回転して逃げようとするのを防ぐことができる。

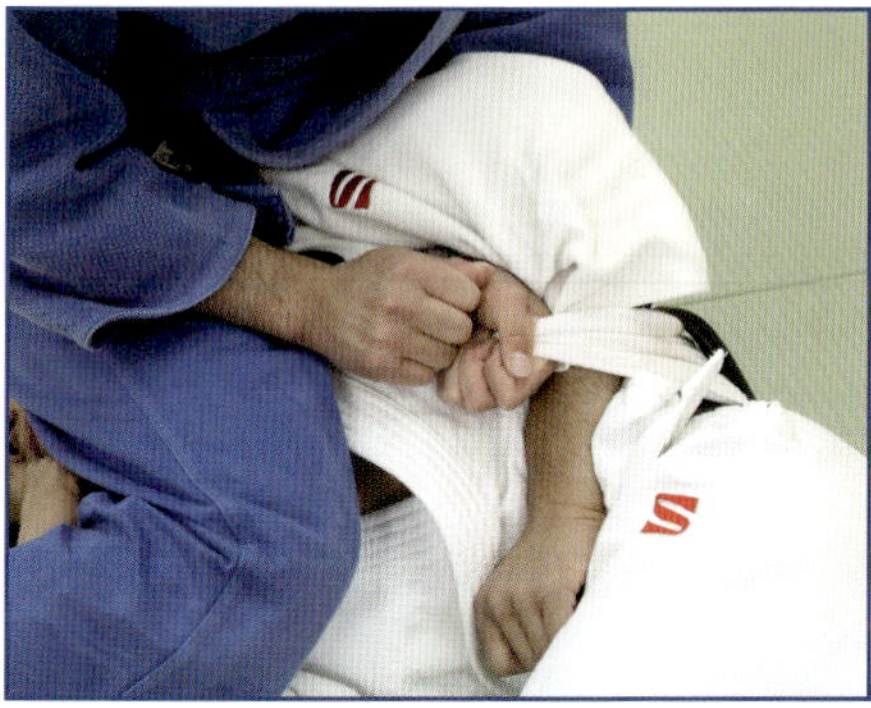

## POINT 2 相手を跨いで挟み相手の道着で腕を極める

POINT 1で相手の腕を取ったら、頭を跨ぐようにして体を挟み込んでしまおう。このときは、両膝を絞めて相手の体をしっかりと挟み込んでおくことが重要だ。その上で、取っていた腕を相手の道着の裾を使って、写真のように極めてしまえば、片腕を完全に殺すことができる。

## POINT 3 相手の足を取り返して抑込む

POINT 2で相手の片腕を極めたら、上になっている側の相手の足を取り、いったん引き付けておけば相手の動きを制することができる。その上で、跨いでいた足をいったん引き付けて相手の顔の横に移動させ、腕で相手の足を開かせ、膝で相手の顔を押して体を開かせて抑込む。

### アドバイス 二本の腕で相手を制する

ここで解説した技は、相手がうつ伏せになろうとして反対側に逃げようとした場合の対処法だ。相手の腕を取り、跨いで腕を極めてしまうわけだが、このとき大切なのは、まず相手の腕を取る際、両手で相手の腕を取り、動きを制することだ。しっかり二本の腕を使って相手を腕を取り、その上で腕絡みなどで制することが重要になる。安易に片手で取りにいってしまうと、相手に逃げられうつ伏せになられてしまう危険が大きくなる。そうなると、またそこから相手を返す作業が始まる。

# 寝技を強化する意義3
## ～体幹を鍛える場でもある～

寝技の練習では、それを本気になってやっていれば、逃げるときにブリッジをしたり、海老反りになったり、自分が小さくなるような動作もしなければならず、それが体幹トレーニングの代わりにもなっている。隙間や相手の脇の下に手を入れることも、相手の足をすくわなければいけないことも、首を鍛えておかなければ首を攻められることもあり、それらすべてが自分の体幹を鍛えることにつながっているのだ。

特に小学生や中学生、高校生くらいまでの年代では、寝技の練習を通じた体幹の筋力を鍛えておくことで、将来的に寝技に強くなれる体を作ることができる。

ヨーロッパの強豪選手などは、必ず寝技の練習を取り入れているが、それは試合で勝つために必要なものであると知っているからだ。日本の選手も、これからは寝技の技術はもちろん、寝技を通じた体幹の鍛錬を行っていかないと、海外で通用しなくなる日が必ずくるので、日々の練習ではぜひ、寝技の練習を多く取り入れていってほしい。

第四章

# 絞め・関節技で極める

絞め技、関節技も、柔道では寝技における重要な技術だ。この章では、絞め技でしっかり絞める、あるいは関節技をしっかり極める技術、そしてそれらの技に持ち込むまでの流れを解説していく。

流れ

## 腕ひしぎ十字固（上からの攻め）

No.42

# 四つ這いの相手の腕を取り頭をロックして回転すれば、腕関節を取ることができる

相手が四つ這いになっている状態から肘関節、腕ひしぎ十字固に移行する方法の中でも、ここではまず基本的な方法を解説する。

**四つ這いの相手にまたがり、まずは片足を深く差し込む。そして差し込んだ足とは逆の腕を、相手の肩口から入れて脇の下を通し、差し込んだ足の腿に当て**ておく。この上体から相手と直角になるように体の向きを変え、外に着いていた足を相手の後頭部に当てて足の力で相手を回してしまえば、腕ひしぎ十字固に持ち込むことができる。

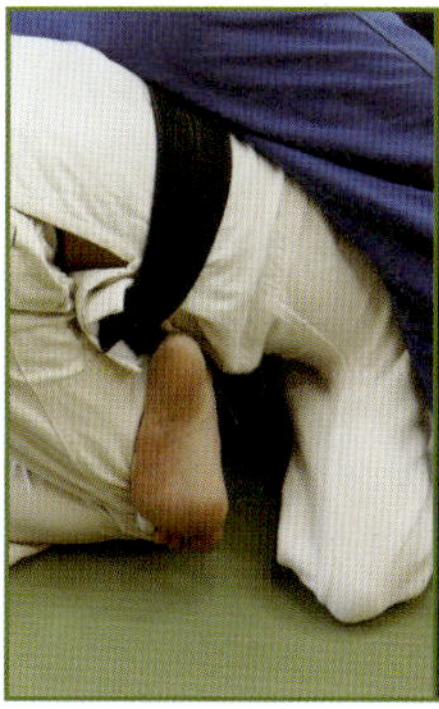
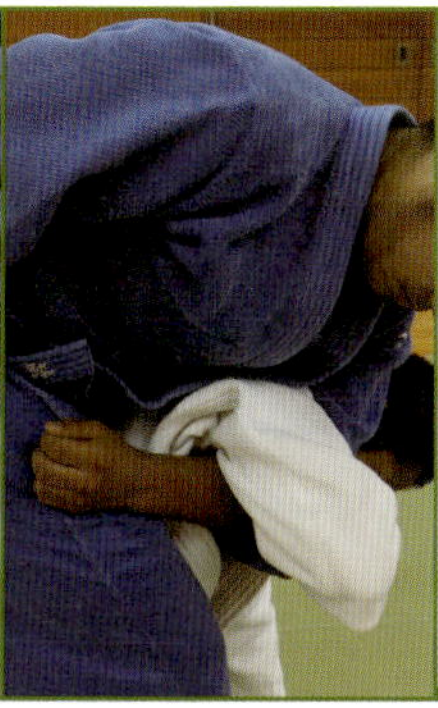

## POINT 1
## 足と腕を深く差し込み 腕をロックしておく

四つ這いになっている相手にまたがり、一方の足を相手の腹の下を通して深く差し込もう。踵が向こう側に出るくらいがいい。そして差し込んだ足とは逆の腕を、肩口から差し込み、写真のように差し込んだ自分の太腿に当てておく。こうすることで、取った腕をロックできる。

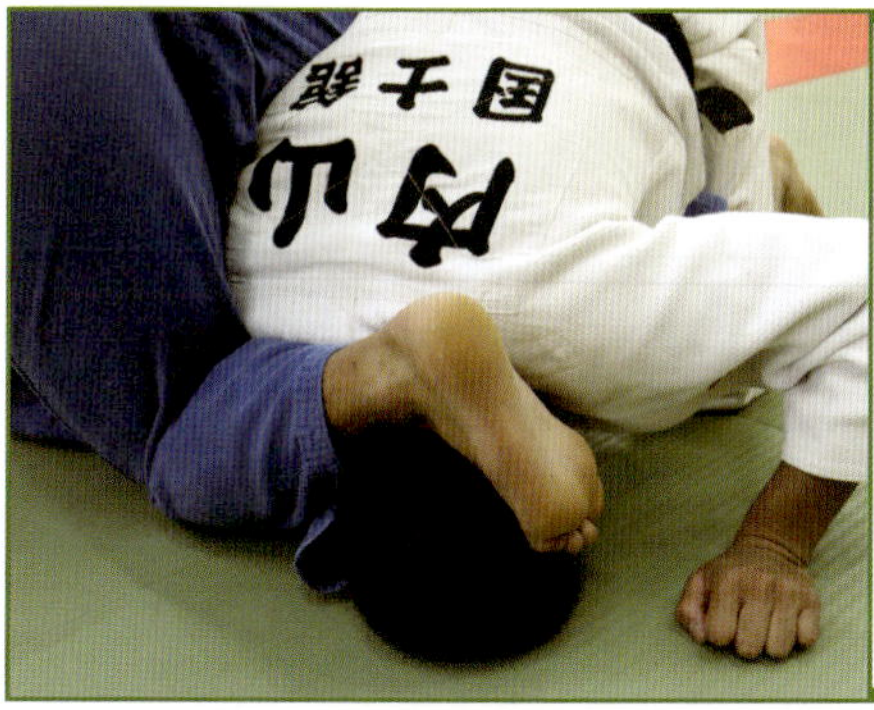

## POINT 2
## 相手の横に落ちて 足で頭をロックする

腕をしっかりロックしたら、相手と直角になるように体を横に落とそう。そして、自分の足首を相手の後頭部に当てて、頭もロックしておく。相手を返すときは、このロックしている頭を軸に回転させる。先にロックしていた腕は、自分の手を腿から離さないように注意しておく。

## POINT 3
## 足を突っ張りながら回転させ 腕を外して関節を極める

相手の太腿に掛けていた足を伸ばして張るようにすると、相手の背中が丸くなるので、この状態で体を回転させれば、相手を返すことができる。相手が返ったら、首に掛けていた側の足を、あらためて首の上に掛け直し、相手の腕を伸ばさせれば腕ひしぎ十字固となる。

### アドバイス
### 相手の親指が上を向くように

腕ひしぎ十字固では、相手の腕を極めるとき、必ず相手の親指が上を向くように腕を取ろう。これが例えば手のひらが上を向いている状態では、形として腕ひしぎ十字固でも、極めることはできない。

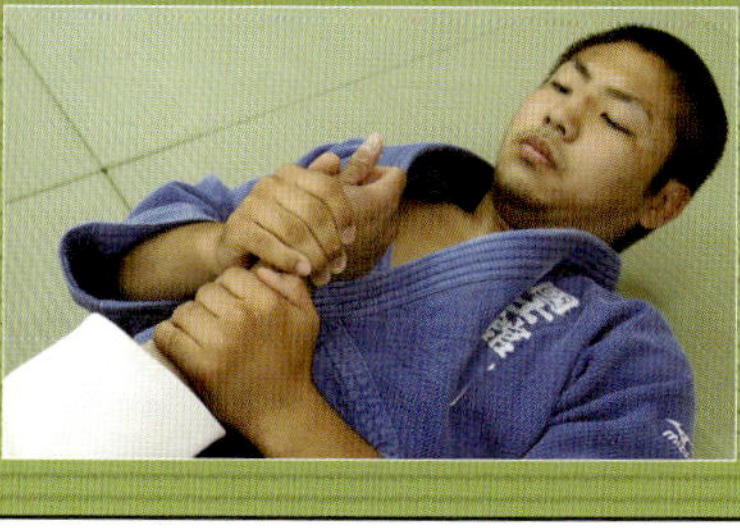

流　れ

腕ひしぎ十字固
（上からの攻め）
No.43

# 四つ這いの相手が立ち上がろうとしたら、そのまま腕を取り腕ひしぎ十字固に移行させる

No.42では、四つ這いの相手に対して、両脇から腕を差して腕ひしぎ十字固に移行させる方法を解説したが、相手がそれを嫌い、立ち上がろうとする場合がある。

このようなときは、立ち上がろうとして畳に手を着き、腕を伸ばした瞬間に、腕を取りにいこう。相手の道着の袖を取り、**自分の体を斜め前方に向かって流れ落ちるように移動**させていこう。それと同時に取った腕を抱くようなイメージで引き付けていけば、畳に着地したと同時に腕ひしぎ十字固となっている。

## POINT 1 相手が立ち上がろうとしたら 相手の腕を取る

No.42で解説したような、四つ這いの相手に対して上から肘関節を狙いに行っている場合でなくても構わない。相手にまたがっているとき、起き上がろうとして畳に手を着き、腕を伸ばした瞬間があれば、その隙を逃さず腕を取ろう。道着の袖口に近い部分を握ることが重要だ。

## POINT 2 腕を抱くイメージで 引き付ける

POINT 1で腕を取ったら、引き付けながら、自分の体を斜め前方に落としていく。相手の腕全体を体の中心で抱きかかえるようなイメージで落ちていけば、相手はこらえきれずにうつ伏せになる。尻側の足は、向こう側から足首が出るくらい、深く差しておく。

## POINT 3 足首を後頭部に掛け 両手で極める

POINT 2の動作と同時に、相手の頭側にある足は、相手の首に掛けておこう。相手が完全に腹這いになったら、足首で畳に抑えつけてしまおう。また、もう一方の手でも相手の手首を持ち、両手で腕を完全に極めてしまえば一本が取れる。写真のように、尻側の足は深く差されている。

### アドバイス 腕を刈り上げながら滑り下りる

POINT 1で相手の腕を取ると解説したが、この「取る」動作は、腕を刈り上げるようなイメージで取ることが重要だ。引き剥がすでもなく、引き付けるでもなく、「刈り」「上げる」イメージだ。その上で腕に体重を乗せるように滑り下りていけば、相手は腹這いになるはずだ。この状態で腕を取り、首に足をかけてしまえば、相手は起き上がったり前転することはできなくなるので、親指が真下を向くようにしてしっかり極めてしまえば、腕ひしぎ十字固で一本を取ることができる。

流れ

## 腕ひしぎ十字固（上からの攻め） No.44

# 四つ這いの相手が立ち上がろうとしたら、そのまま腕を取り回転させて腕ひしぎ十字固に移行させる

No.43では、立ち上がろうとして畳に手を着いた相手に対して、うつ伏せのまま極める腕ひしぎ十字固を解説した。ここでは立ち上がろうとした相手に対して、回転させて仰向けの状態で極める腕ひしぎ十字固の方法を解説する。

腕を取って体重を乗せていっても腹這いになるのをこらえているような場合は、**相手を回して仰向けにさせてしまおう。** **腕を伸ばした瞬間に、両手で腕を取り、足で回転させる。** 足を顔に掛けかえれば、腕をはがす手間もなく、腕ひしぎ十字固で極められる。

## POINT 1
## 相手が立ち上がろうとしたら腕を取る

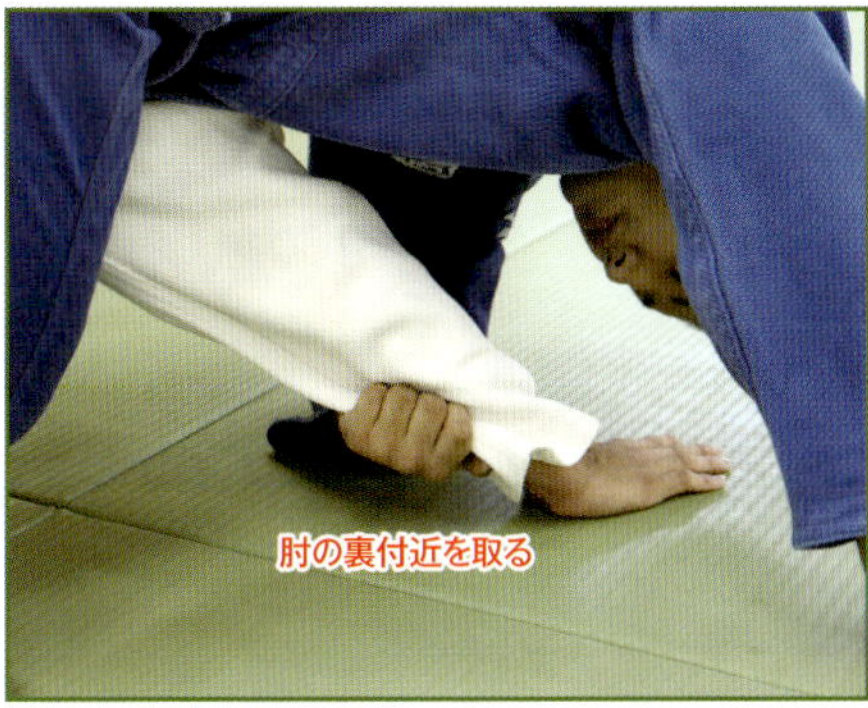


立ち上がろうとして相手が畳に手を着くようなら、道着の肘の裏付近を取り、斜め前に伸ばさせてしまおう。同時に、その腕を体の中心で抱きかかえるようなイメージで体を落とし、相手の肩口から腕全体に体重を乗せていく。尻側の足を、向こう側から足首が出るくらい、深く差しておく。

## POINT 2
## 足を首に掛け中に入れた足で回す

POINT 1で相手の横に落ちていくのと同時に、外に出ている足の足首を相手の首にかけておく。自分の体を横に落としても相手が頑張ってうつ伏せにならなければ、中に入れていた足を突っ張るようにすると背中が丸くなるので、相手を回し易くなる。そのまま足の力で相手を返そう。

## POINT 3
## 足を顔にかけなおし両手で腕を極める

相手を返すと、後頭部にかけていた足は頭より下にあるため、腕を取っていたとしても関節は極めきれない。足を顔にかけなおし、両手で腕を取り、腕ひしぎ十字固に移行しよう。このときは両膝を絞め、両方の足裏も畳に着けておくと、より確実に極めることができる。

## アドバイス
## 逃げようとしたら足を取る

回転して相手を返したときは、まだ腕を極めている状態ではなく、また、片足も相手にかけているわけではないので、回転して逃げられる可能性もあることを覚えておこう。そこで、もし相手が回転して逃げようとしていたら、写真のように足を取って戻させてから、足を顔にかけ、両手で腕を取って極めればいい。

流れ

## 肘関節（下からの攻め）

No.45

# 上から攻めてくる相手の襟を取り、腕を外にはずして足を掛ければ、肘関節を極められる

ここでは自分が下になり、上から相手が攻めてきた場合の関節の極め方を解説する。

まずは相手の片腕を取って自分の外側に外させよう。そして、片襟を取って引き込み、**相手の脇の下から足を回して肩に掛け、足首を相手の顔に掛ける**。顔に掛けた足を使って相手の顔を向こう側に向かせてしまおう。この状態で相手の首の真後ろの襟を取りながら上体を起こし、下になっている側の足で**腕に掛けた足をロックして4の字**を作れば、肘関節を極められる。

## POINT 1 片襟で相手の腕を外に流し足を掛ける

上から攻めてくる相手には、片襟を取るのが基本だ。その上で、相手を自分の横に外させ、外側の足を脇の下から回して、写真のように背中にかけてしまおう。相手は危険を感じ、腕を抜こうとしてくるが、両腕で袖と襟を引き付けておけば、まず抜かれることはない。

## POINT 2 足を肩に掛けて相手の顔を横に向ける

POINT 1の体勢ができたら、背中にかけていた足を、写真のように肩に掛けなおす。そして写真のように足首を使い、相手の顔を向こう側に向かせておこう。これはPOINT 3で首の後ろの襟を取るが、襟を取るまでの間に、前転され逃げられるのを防ぐためだ。

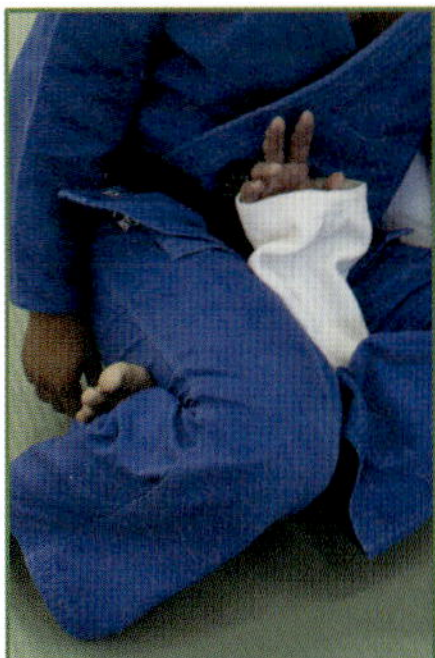

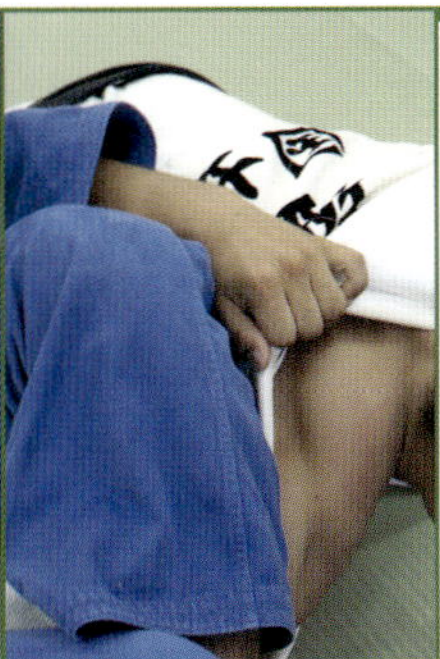

## POINT 3 襟を取って上体を起こし足を4の字にして極める

反対側を向かせたら、写真のように相手の首の真後ろの襟を取ろう。襟を取っていれば、回転して逃げられることもない。そして上体を起こしながら、右の写真のように、足で4の字を作るように組み直す。上体を起こしたら、腹で相手の腕を前方に押し込むようにすれば、肘関節が極まる。

### アドバイス 腕の力より足の力が強い

ここで解説したような流れで肘関節を極めに行こうとすると、途中で相手がそれに気づき、もう一方の腕で自分の腕を握るなどして防御しようとすることがある。しかし、こちらは足で相手の腕を操作しているので、最終的には腕よりも力の強い足が勝つ。したがって、仮に防御されそうになっても、気にせず関節を極めに行こう。

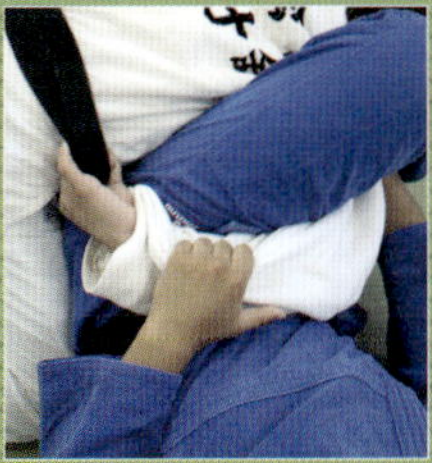

流れ

## 送襟絞（上からの攻め）　No.46

# 四つ這いの相手を返し、背後からの送襟絞で絞め落とす

四つ這いで防御している相手に対して、送襟絞を行う際、よく用いられる方法を解説する。

まずは相手の両脇から腕を入れ、両手で襟を取る。襟を取ったら、手首を返しながら相手を引き付けて起こし、回転して返してしまおう。座り姿勢で背後から抱きかかえるような体勢になると、相手は絞め技を警戒するため、襟を握って顎を引き、防御してくるはずだ。そこで、**一方の襟を下に引くと、瞬間的に隙間ができるので、その瞬間に頸動脈横の襟を取ってしまえば**、送襟絞に持ち込める。

## POINT 1 両脇から腕を入れて襟を取り相手を起こして回転する

四つ這いになっている相手の両脇から腕を入れ、両袖を取ったら、手首を返して引き付け、相手を起こす。この状態で、片足を内側に入れながら横に回転して、相手が上、つまり仰向けの状態になったところで、相手を背後から抱きかかえるようにして畳に座った状態を作る。

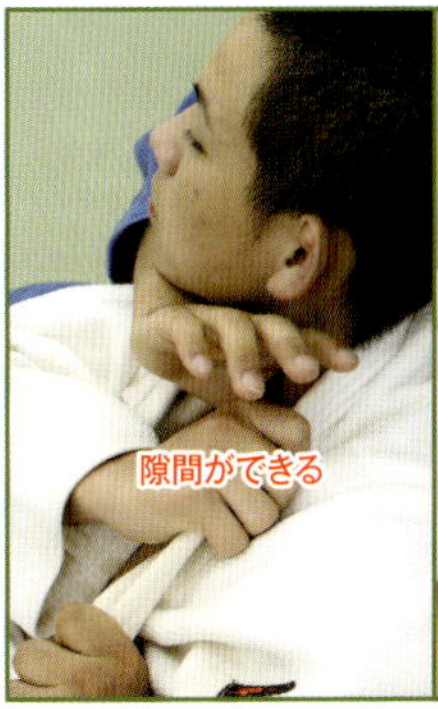


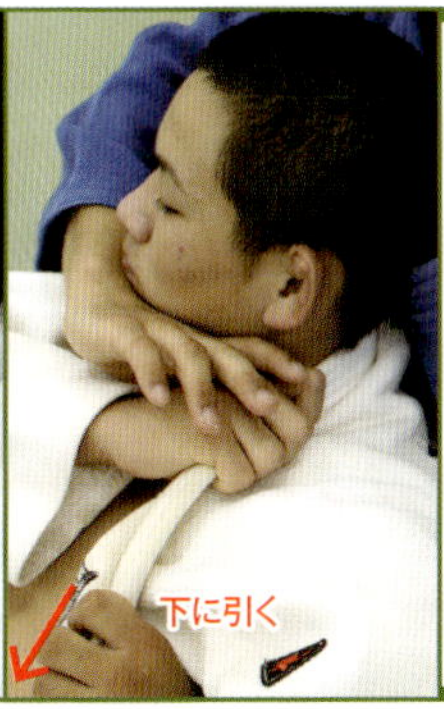


## POINT 2 襟を下に引き、隙間ができた瞬間に襟を取る

POINT 1の状態になると、相手は絞めを警戒し、両手で襟を取って顎を引き、防御しようとするはずだ。この状態のままでは手は入れられないが、一方の襟を下に引けば、瞬間的に隙間ができるので、その瞬間を逃さず、手を差し込んで頸動脈付近の襟を取ってしまおう。

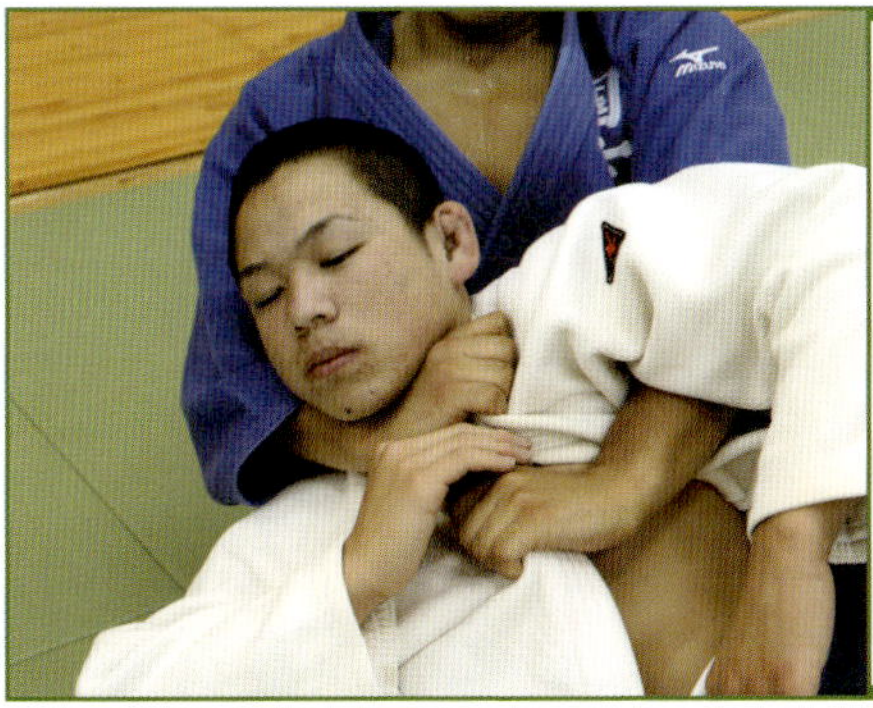

## POINT 3 襟を取り直して胸を張りながら絞める

もう一方の手でも襟を持ち替えて、送襟絞に入るが、このとき大切なのは、頸動脈付近を取っている腕は横に、もう一方の襟を取っている腕は下に、それぞれ引くことだ。また、ただ腕で絞めるだけでなく、腹を出して相手の体を反らせると、より効果的に絞められる。

### アドバイス 両足の踵を内腿の付け根に当てる

POINT 1で相手を背後から抱きかかえて座った状態になったときは、自由に動かれないよう、両足の踵を相手の内腿付け根付近に当て、両足を殺しておこう。この足があることで、POINT 3で腹を出して相手の体を反らせる際も、より効果的に絞めを効かせることができる。

流　れ

## 送襟絞（上からの攻め）

No.47

# 送襟絞を防御してきたら、足と腕で防御する腕を切り、あらためて絞めにいく

No.46では送襟絞を解説したが、送襟絞の体勢になっても、相手はなんとか防御しようとして、腕を取って引こうとするものだ。このような場合は、相手の腕を切り、あらためて絞めにいけばいい。

相手が腕を取って引いてくるようなら、襟下に引く方の腕（頸動脈の横を取っている腕ではない方）をいったん離して、**相手の腕を上から取り、下に落としてしまおう。もう一方の腕は、足を掛けて切ってしまえばいい**。これで相手に防御されることもなく送襟絞で絞められる。

POINT 1
## 防御する腕を落として上から取って落とす

送襟絞で絞めようとしたとき、相手の両手が自由になっていると、必ず腕を引いて防御しようとする。両手で防御してきたら、横襟を取っている手は離さずに、まずは写真のように一方の腕を上から取り、相手の帯に押し付けるようにして下に切り、そのまま押し着けておこう。

POINT 2
## もう一方の腕は足で切って殺す

POINT 1で片腕が切れたら、そのままの状態を保ちつつ、次に、もう一方の腕を切ろう。写真のように、足を相手の腕に当てて下に落としてしまえばいい。腕を落とせたら、そのまま押さえ付けて畳まで落とし、足と畳で腕を挟んでてしまえば、再度防御されることもない。

POINT 3
## あらためて襟を取り胸を張りながら絞める

防御しようとする相手の両手が切れたら、あらためて襟を取り、送襟絞で絞めよう。№46でも触れたが、送襟絞は頸動脈付近を取っている腕は横に、もう一方の襟を取っている腕は下に、それぞれ引くのが基本。左右の頸動脈と気道を圧して止めることを忘れずに。

アドバイス
## もう一方の腕は頭の後ろに着けさせる

帯の方まで落としていた腕を離して絞めに行くが、離した手で相手がまた防御してくるようであれば、下からすくいとって、写真のように自らの後頭部に着け、片羽絞に移行してしまえばいい。肩で相手の腕を止めたまま、襟を取り直せば、防御されることなく送襟絞が行える。

流れ

## 送襟絞（下からの攻め）

No.48

# 上から攻めてくる相手を正面からの送襟絞で絞め落とす

No.46、47では相手の背後からの送襟絞を解説してきたが、試合では、必ずしも相手の背後に回れるとは限らない。そこで、自分が畳に尻を着き、相手が上から攻めてきた場合の送襟絞を解説する。

まずは上から攻めてくる相手の**片腕を取って、外側に手を着かせ**よう。そして畳に着かせた腕と同じ側の**膝を蹴って殺しながら両襟を取る**。**取った両襟は交差させて絞める**ようにした上で、一方の手で片襟のように取り直した後、もう一方の手でも頸動脈付近の襟を取れば絞めることができる。

## POINT 1 相手の片腕を畳に着かせ奥の横襟を取る

相手が上から攻めてくる場合は、まず片腕と片襟を取り、写真のように、引き付けて反対側に相手を落とそう。相手が畳に手を着いたら、袖を取っていた手を離して相手の脇の下から差し込んで、写真のように相手の首の下から奥の横襟を取り、元々取っていた手と入れ替える。

## POINT 2 襟を取り直して膝を蹴って落とす

POINT 1で横襟を取り替えたら、もう一方の手でも横襟を取り直そう。両襟を取り直したら、写真のように手を着かせた側の膝を蹴り、足を伸ばさせて相手をうつ伏せにさせる。その上で、自分の体を半身にさせ、上になっている足を相手の背中に乗せてしまおう。

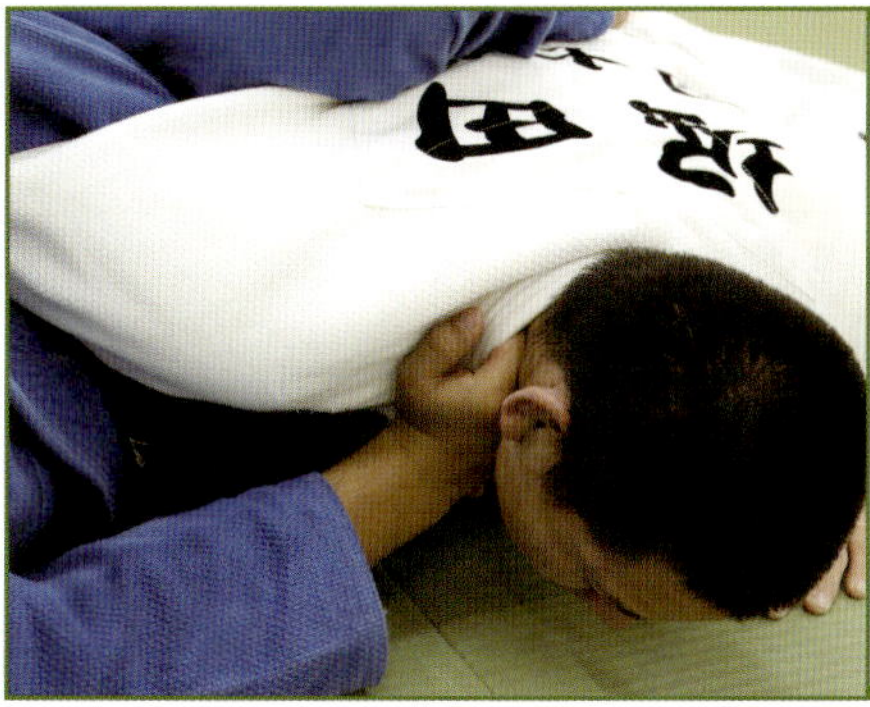

## POINT 3 左右の頸動脈を絞め相手を落とす

POINT 2で相手の背中に足を乗せておくと、肩も極まっているため、起き上がれなくなる。ただ乗せておくのではなく、膝を締めて圧力をかけておこう。先に取り直した(下になっている)襟は下に、後から取り直した襟は、拳を相手の頸動脈に押し付けるようにして絞め落とそう。

### アドバイス 送襟絞から肘関節に移行

この方法は、No.45で解説した下からの肘関節と、途中まで同じ流れだ。上から攻めてくる相手の片手を畳に着けさせてからそれぞれの動きになっていく。そこで、仮にここで解説した方法で送襟絞にいっても極めきれなかった場合などは、No.45の肘関節に変化することもできる。

流れ

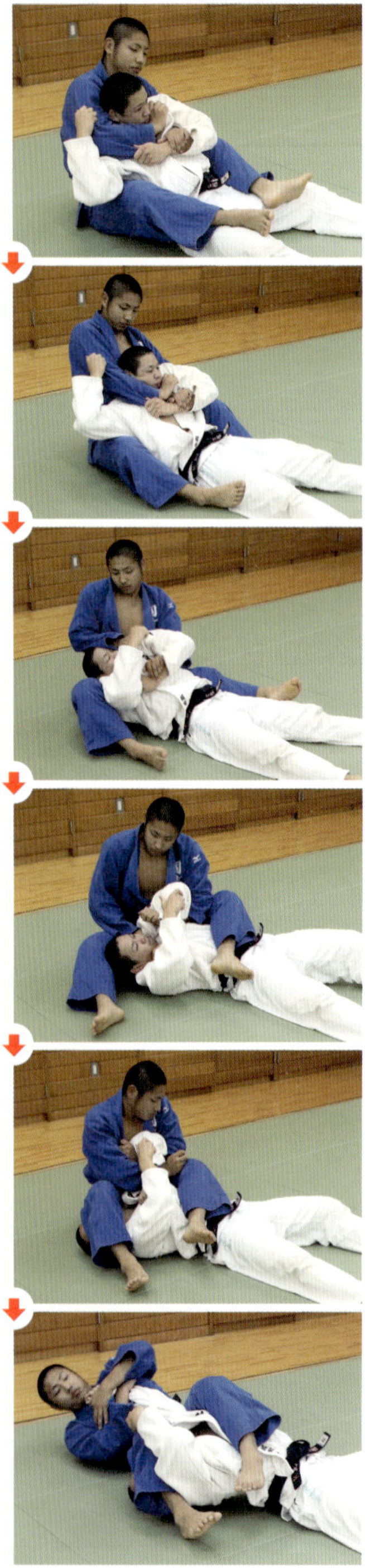

## 腕ひしぎ十字固（上からの攻め） No.49

# 送襟絞を防御してきたら、それを利用して腕ひしぎ十字固に変化する

No.47では送襟絞を防御してきた場合の対処法を解説したが、逆にそれを利用して送襟絞から腕ひしぎ十字固に変化する方法がある。

相手は両手で腕を引っ張ってくるので、まずは両足を**相手の腰に当てて蹴り、相手を落としてしまおう**。相手が落ちたら、No.47同様に、**膝裏を使って一方の腕を切り、殺して**しまう。次に、**頸動脈の横を取っていた襟は握ったまま、首に掛けていた腕を相手の顔の上に移動させて**顔を下に落とす。同時に腕を取り下になっていた足を上に掛ければいい。

## POINT 1 相手の体を落とし片腕を切って殺す

送襟絞の状態から相手が手を引くなど防御してくるようなら、No.47のPOINT 1の要領で、相手の手を殺すと同時に、両足を相手の太腿の付け根に当て、蹴って体全体を下に落としてしまおう。同時に、体が落ちたら膝裏を使って相手の一方の腕に掛けて切り、殺してしまう。

## POINT 2 腕を相手の顔の上に回し頭を落とさせる

頸動脈横を取っていた手は握ったまま、腕を相手の顔の上に移動させよう。そして腕を相手の顔に押し付けるようにして、頭を下げさせてしまおう。それと同時に、相手の腕を取っていた手は、抱くようにして自分の襟を握り、外されないようにしておくことが重要だ。

## POINT 3 足を掛け変えて腕ひしぎ十字固で極める

POINT 2の体勢になったら、腕を殺していた足を相手の顔の上に掛けなおす。そして両腕で相手の腕を抱いて倒れるようにして伸ばせば、腕ひしぎ十字固となる。相手の手のひらが上ではなく、親指が上になっているように注意しておこう。相手の腕を剥がす方法は、アドバイス参照。

### アドバイス テコの原理で腕を剥がす

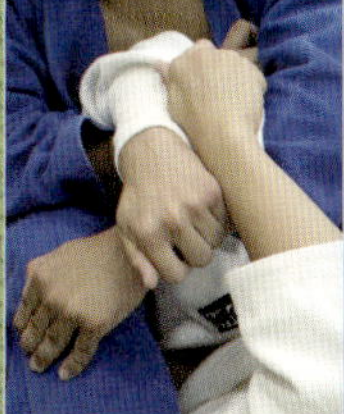

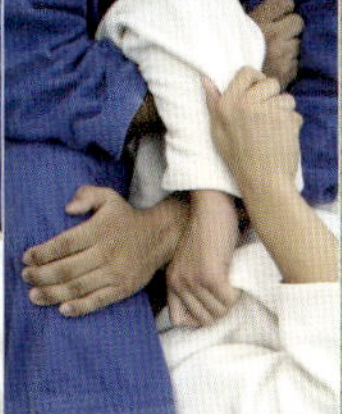

相手は自分の襟を持って、防御しようとしたら、写真のように、相手の手の近くまで自分の手を入れていこう。そして指で山を作るようにして腕の位置を高くし、指を支点にして肘を上げれば、テコの原理で腕を引き剥がすことができる。

流れ

送襟絞
（上からの攻め）

No.50

# 立ち姿勢から四つ這いになった相手には、釣り手を持ったまま相手を跨ぎ、回転して絞める

立ち姿勢での攻防中、何らかの理由で相手だけが四つ這いになることがある。このとき、こちらの釣り手が切れていなければ、そのまま絞めに移行させることができるので、その方法を解説する。

相手が四つ這いになったら、**釣り手は持ったまま相手を跨ぎ、馬乗りのような状態**になろう。そして跨いだ足を相手の内腿に掛け、前転するようなイメージで回転する。相手を背後から抱きかかえて座る状態になったら、防御しようとしている相手の腕を切って下に落とせば、相手を絞められる。

## POINT 1 相手が四つ這いになったら釣り手を持ったまま跨る

試合中、相手が何らかの理由で四つ這いになったとき、釣り手が切れていなければ、そのまま釣り手を持ったまま、腕を首の下から回すようにして、相手に跨ってしまおう。このときは、引き手はすぐに離してしまって構わない。相手に跨ったら、跨いだ足は相手の内腿に掛けておく。

## POINT 2 足を取って前転し相手を返す

足を取って前転

相手に跨ったら、頭を低くして前転するようなイメージで回転し、相手を返そう。このとき、頭を低くしていく途中で、写真のように相手の足を取っておく。回転して相手を背後から抱きかかえるような形で畳に座ったら、取っていた足を抱きかかえてしまえば、逃げられることもない。

## POINT 3 防御する両手を切り下に落として絞める

POINT 2の状態になっても、相手の両手は自由になったままなので、防御しようとしている。一方の腕は写真のように足を使って切り、もう一方の腕は、袖を取り、自分の体を倒していけば切ることができる。自分の体を倒していくことにより、絞めもより効果的となる。

## アドバイス 左右の頸動脈と気管を圧迫する

この技は、回転して足を持つことももちろん大切だが、絞めの基本である左右の頸動脈と気管を絞めていないと、回転して足を取ったところで、絞めは効かない。四つ這いの状態で釣り手を持ったまま跨ったとき、しっかり襟で頸動脈を圧迫できているか、手首が気管に当たっているかを判断し、もし顎にかかっているようなら、瞬時に首に移動させよう。その上で回転し、足を取ってはじめて、この技が極まるといえる。回転することばかりに気を取られないように注意しておこう。

# 寝技を強化する意義4
## ～合理性を理解する場でもある～

寝技の力学は、立ち技のそれよりも、理解しやすいと言える。立ち技というのは、もちろん力学も重要だが、タイミングなどが重要視される。それに比べ、寝技は持つ場所、使う部位などで操作することができるからだ。もちろんタイミングも必要だが、立ち技に比べると、その比重は小さい。そのため、合理的な攻め方、合理的な抑え方などを理解することで、柔道に対する造詣を深くすることが可能なのが寝技なのだ。

ここまで各章の章末で、寝技の練習が「精神の鍛練の場」「技術を伝承する場」「体幹を鍛える場」「合理性を理解する場」であると解説してきたが、これらをまとめると、寝技に真剣に取り組むことによって、寝技の合理性、忍耐力、体の強さなど、現在の日本の柔道家に必要とされているもの、足りないものなどを養うことができると言えるだろう。寝技に真剣に取り組むことによって、心身を鍛え、それを試合に活かせば、寝技のみならず立ち技も強化することができる。また、寝技を怖がることもなくなるため、試合を優位に進めることができるようになる。

# 第五章

# 寝技を磨く

## 国士舘の練習

伝統のある国士舘柔道部が、日々、どのような練習をして寝技の強化に努めているのか。この章では、特に寝技を強くするために必要な、国士舘柔道部ならではの練習方法を紹介する。

## 寝技を強化する練習（1分稽古）

No.51

# 得意な状態から開始して1分以内に抑込み、自分の形を強化する

流れ

たとえば相手が四つ這いになっていても、実際の試合では、脇から腕を差したりするのは難しいものだ。しかし、脇から腕を差せた、あるいは片腕の袖が取れて引き付けることができたなど、自分が得意とする形を作ることができれば、抑込まで持っていく自信がある、というようなことがある。

そこで、**あえて自分の得意な形から始め、抑込に移行させるまでの流れを確実に自分のものにする**練習方法だ。得意な形に絶対の自信を持たせるとともに、確実に抑込まで移行させる技術を養う。

## POINT 1 自分が得意とする有利な状態から抑込む

あえて上のものが有利な形から練習を始める。形はどのようなものであってもいいが、たとえば四つ這いであれば、一歩進んだ状態、つまり脇を差せた、相手の腕が取れた、といった状況から始める。時間を1分とし、限られた時間内に抑込めるよう練習していく。

## POINT 2 不利な状態から抑込まれないよう防御する

POINT 1は、裏を返すと下のものが不利な状態から練習を始めることになる。下になったものは、試合でこのような状況になったことを想定し、返され、抑込まれないよう防御していく。不利な状況になっても防御できる、という技術や自信を養うつもりで練習しよう。

## POINT 3 チャンスがあれば下が攻めてもいい

この練習では、上のものが有利な状況から始めるが、流れの中で、下になっていたものが攻めに転じられると判断した場合は、攻めに転じても構わない。1分という限られた時間で、お互いが本気で攻める、防ぐ、転じる、ということを意識しながら練習していくことに意義がある。

### アドバイス 下が攻めに転じ弱点を教える

この練習では、上のものが若干有利な体勢から行うため、当然、上から攻めるものが有利になる。しかし、もちろん下もチャンスがあれば攻めに転じよう。この「下のものが攻めに転じる」というのは、単に形勢が逆転するだけではなく、上から攻めているものが攻められたときの弱点を教えることにもなる。上から攻めている限りはよくても、攻めに転じられた瞬間、簡単に形成を逆転されてしまう人などは、自分の弱点を知り、対処、改善していくような心がけも必要だ。

流れ

## 寝技を強化する練習（上下1分）

No.52

# 上は上からのみ、下は下からのみ、1分間攻めあう

下のものが畳に尻をつけた状態での攻防は、試合でもよくある形だ。ここでは、この状態から練習を始めるが、**上のものは上からのみ、下のものは下からのみ**、攻めなければいけない、という制約の中での攻防となる。**下のものが防御しようとして四つ這いになってもいけない**。あくまで攻め合うことを前提とした練習だ。

この練習は、時間を1分と限定し、その限られた時間の中で、集中して攻めることが求められる。徹底して攻める意識を持たせるとともに、その技術も磨く練習だ。

## POINT 1
## 上のものは上からのみ攻める

上のものは、徹底的に上から攻め、上の状態から抑込んだり関節を取る技術を身に付けるよう意識しながら行おう。上にいるだけでは必ずしも有利な状態とは言えないが、この状態から抑込んだり関節を取ることに自信が持てる、あるいは得意な形を見つけるなど、目的は多い。

## POINT 2
## 下のものは下からのみ攻め防御しない

下のものは、徹底的に下から攻め、上から攻めてくる相手を絞めたり関節を取るなどの技術を身に付けるよう意識しながら練習を行おう。この練習では、四つ這いになるなど、防御の姿勢を取ってはいけない。1分間、最後まで下から攻める姿勢を持つことで、下からの技に磨きをかける。

## POINT 3
## 上下両方行い自分の形を見つける

この練習では、上下を交代しながら練習を行っていく。どちらか一方が得意でも、試合で必ず同じ状況が作れるわけではない。上下のどちらになっても冷静に対応でき、相手を攻めて一本が取れる自信が持てるようになってはじめて、試合の中での寝技に対する自信となる。

### アドバイス
### 練習の意味を正しく理解する

この練習は、上から攻めるものは上からのみ、下から攻めるものは下からのみ攻める練習であることを、正しく理解しておこう。そうすれば、下から攻めているものが苦しくなり、防御したり腹這いに逃げたりすることもなくなるはずだ。両者ともが上から、または下からの攻めを磨くと共に、特に下のものは、下からの攻めがうまくいかず抑込まれてしまったとしても、自分の欠点や弱点が見えてくるはずだ。それが見えたら、それを補い、または強化するように努めればいい。

流れ

## 寝技を強化する練習（3人一組）　No.53

# 3人一組で練習を行い、一人がアドバイス役になり技術を確認しあう

この練習方法は、通常の寝技の練習で二人が攻めあうが、あえて3人組みとし、一人をアドバイス役として行うものだ。1本を2～3分の時間で区切り、その間、**お互いが攻めあいながら、残った一人がアドバイス役となり、次々に役を交代**していく。

この練習では、アドバイス役のものが、練習してきたことなどをアドバイスするとで、アドバイスしている本人にそれらを再確認させるとともに、練習を行っている2人にも気付かせる、思い起こさせることを目的としている。

POINT 1

## 一人はアドバイス役に徹し二人に対して助言する

寝技の練習をしている二人を一人が見て、これまでに行ってきた練習や、練習で言われてきたこと、教えられてきたことなどを思い出しながら、両者にアドバイスしていこう。思い出しながら人に教えることで、復習の意味合いで再確認できたり、自分に対しての勉強にもなる。

POINT 2

## アドバイスを聞きながら修正して自分のものにする

練習とはいえ、相手を抑込もうとしていたり、逆に逃げようとしている状況では、なかなか教わってきたことを実践するのが難しいこともある。アドバイスをその都度聞き、それを思い出し即その場で実行させることで、技術を自分のものとして身に付けられるようになる。

POINT 3

## 2～3分で区切り何度も回す

この練習は2～3分で区切り、練習する側、アドバイスする側をその都度入れ替えていき、何回も繰り返し行おう。練習する側になったら、前にアドバイスされたこと、自分がアドバイスしたことなどを踏まえ、同じアドバイスを受けないようにするなど、自ら工夫しながら練習していこう。

アドバイス

## アドバイス役も多くを学べる

この練習では、アドバイス役になるものが多くを吸収できると覚えておこう。寝技の攻防を客観的に見ることができるため、もし自分が得意とする技で一方が攻めていれば、どのようにすれば更に効果的なのかを考えることができる。どちらか一方が一方的に攻められているような場合は、弱いものの方にアドバイスを送り、逃げ方、攻め方を指示していくことで、自分が同じ状況に置かれてしまったときの対処法を覚え込ませることができる。その点を念頭に置いて練習しよう。

流れ

## 寝技を強化する練習（立ち技からの連携）

No.54

# 立ち姿勢から始め、一本が取れなかった状態を作り、抑込むまでの連携を強化する

この練習は二人一組で行う。一方が技を掛ける側、もう一方が技を受けて倒れる側になる。そして立ち姿勢から技をかけるところから始まり、**一本にならなかったことを想定して、倒れた段階からお互いが本気になって攻め**、防御を行うというものだ。

本書の中でも、立ち姿勢からの連携をいくつか紹介したが、それらを意識して相手を抑込みにいき、もう一方も、それを本気で防御することで、投げ技からの連携で抑込みに移行させる技術を強化していく。

## POINT 1 受けと取りを決めて立ち姿勢から始める

この練習は立ち姿勢、立ち技からの連携を主に強化するので、まずは受けと取りを決め、立ち技をかけて一本が取れない程度に投げた状態から始めよう。この練習では、2～3分と時間を区切って抑込むまで続けてもいいし、1分などの短い時間で何度も投げから移行する技術を磨いてもいい。

## POINT 2 投げから素早く抑込に移行させる

取りが投げた瞬間から、お互いが本気になって攻防しよう。取りは投げて受けが畳に落ちてから始める、という感覚ではなく、技をかけた瞬間から抑込に移行していくくらいの気持ちで行い、逆に受けも、倒れ込む直前から防御を意識するくらいの気持ちで練習を行おう。

## POINT 3 投げられた後の防御を練習しておく

この練習は、もちろん立ち姿勢からの寝技への連携を意識したものだが、受け側も試合で投げられたときのことを想定し、素早く防御に回ることを意識しながら練習しておこう。投げられた瞬間に防御の意識に切り替えられる癖をつけておくことは、試合で必ず活きてくるはずだ。

### アドバイス 釣り手引き手をなるべく離さない

この練習では、本当に一本を取るつもりで投げることから始めよう。形だけになってしまっては意味がない。その上で、投げた後、なるべく釣り手引き手を離さないように意識しておくことが重要だ。釣り手引き手を離さず、投げ終わったあと素早く攻めに転じる意識を持っておこう。ただし、お互いが本気で練習を行っていればこそだが、釣り手や引き手が離れてしまうこともある。そうなれば、相手も防御の体勢に入るので、その状況からの攻め方も意味のある練習になる。

流　れ

寝技を強化する練習（GS形式）

No.55

# 本気の寝技の攻防を繰り返した後、ゴールデンスコア形式の寝技の練習を行い勝ち抜けしていく

この練習は、最初は通常の寝技の攻防の練習を行うが、それを何本も繰り返した後、最後の一本でGS（ゴールデンスコア）形式の攻防を行い、勝ったものがその練習から抜け出せる、というルールを設けたものだ。

つまり、勝たなければいつまでもその練習を繰り返すことになるため、**全員が本気になって一本を取りに行く姿勢**に変わる。これこそがこの練習メニューの真の狙いだ。負け続ければ何度も繰り返さなければならないため、粘りや強い精神力を養うことにもなる。

## POINT 1 全力の寝技の攻防を何本も行う

この練習は通常の寝技の攻防を何本も行ってから行うものだが、先に行っている攻防のときに、力を温存しておこうと考えてはいけない。全力を出し切った後の一本だからこそ、実際の試合でGSの延長戦になっても、もう一度自分を奮い立たせる気持ちの強さや粘りを身に付けられる。

## POINT 2 最後の一本をGS形式にして本気で一本を取りにいく

寝技の攻防の練習の最後の一本を、このGS形式に当てよう。勝ち抜け、負け残りのルールを設定することで、全力を出し切った後の、本気の練習になる。これは強い精神力や粘りを養え、実際の試合でGSの延長にもつれ込んだときなど、もう一度自分を奮い立たせることにつながる。

## POINT 3 勝ち抜けできなくても最後まで一本を取りにいく

この練習で、なかなか勝てず、残ってしまったとしても、最後まで一本を取りにいく姿勢をなくしてはいけない。練習すればするだけ強くなるし、何度も自分を奮い立たせることで強い精神力も身に付く。疲れたから負けてもいいから力を抜こう、と思ってしまっては、何も身に付かない。

## アドバイス 絶対に妥協しない精神を養う

寝技というのは、練習でも試合でも、妥協したり一瞬気を抜いてしまうことが多い。立ち姿勢では、一瞬の気の緩みが一本につながるが、寝技ではそうならない場合もあるからだ。しかし、この練習を行うことで、絶対に妥協しない精神、一瞬でも気を抜かない心の強さを身に付けることができる。そういった気持ちの強さが身に付くと、試合でも、これまでかからなかった技がかかるようになったり、残り時間わずかでも、相手を抑込めたりするようになる。そうなれたら本物だ。

## 寝技の定義

相手が仰向けであったとき、おおむね向かい合って袈裟または四方で抑えること。
胸から上を抑える

### 横四方固（国士舘柔道部伝統の横四方固）

股の柔道着を握る

膝を当て、足を殺す

腕と胸で相手の上半身を挟みつける

腕を張り足を殺す

肩口から腕を入れ、背骨を通して腰の中心の帯を握る

脇の下で相手の顔を挟む

### 上四方固

※横四方固からの変化で有効

脇の下から腕を入れ、帯を握る

両足を開いて安定させる

肩口から腕を入れ、帯を握る

脇の下で相手の顔を挟む

●監修

岩渕公一（柔道八段）
審判員（A ライセンス）　柔道上級コーチ
岩手県立藤沢高等学校－国士舘大学体育学部－
国士舘高等学校

国士舘高等学校柔道部監督。オリンピック金メダリストの鈴木桂治、石井慧、西山将士をはじめ、全日本柔道選手権大会出場者など多数の柔道家を輩出している。

●指導歴
昭和 54 年～　国士舘中学・高等学校（柔道）
平成 14 年～　国士舘大学公開講座（生涯学習　少年柔道教室）
平成 19 年～　東京都・東京都体育協会・東京都柔道連盟（柔道競技、競技力向上事業ジュニア特別強化事業）
平成 20 年～　全日本柔道連盟　強化委員会委員
平成 21 年～　国体選手　強化指導員
平成 22 年～　日本オリンピック委員会強化スタッフ
平成 21 年～　国体選手　強化指導員　など

●表彰
平成 13 年　全国高体連柔道部　優勝監督表彰
平成 16 年　オリンピックスポーツ功労者　第 28 回オリンピック競技大会顕彰（指導者）
平成 19 年　日本武道協議会　武道功労表彰（団体）国士舘高等学校
平成 20 年　オリンピックスポーツ功労者　第 29 回オリンピック競技大会顕彰（指導者）
平成 22 年　平成 21 年度　文部科学大臣優秀教員表彰

●主な戦績
全日本学生柔道優勝大会団体　ベスト 8
滋賀国民体育大会出場　など

●国士舘高等学校の戦績
全国高等学校総合体育大会柔道競技（インターハイ）　優勝 12 回、準優勝 8 回
全国高等学校柔道選手権大会　優勝 10 回
金鷲旗高校柔道大会　優勝 10 回、準優勝 5 回　など

●撮影協力
国士舘大学柔道部　手嶋将太郎　3 年／関根健寿　2 年／米村剛　2 年

●企画・取材・原稿作成・編集
冨沢　淳

●写真
眞嶋和隆

● Design & DTP
株式会社フレア

**確実に極める！**
**柔道　固め技　必勝のコツ55**

2019年6月15日　第1版・第1刷発行

監修者　岩渕公一（いわぶち　こういち）
発行者　メイツ出版株式会社
代表者　三渡 治
〒102-0093東京都千代田区平河町一丁目1-8
TEL：03-5276-3050（編集・営業）
03-5276-3052（注文専用）
FAX：03-5276-3105
印　刷　シナノ印刷株式会社



ご意見・ご感想はホームページから承っております。

メイツ出版ホームページアドレス　http://www.mates-publishing.co.jp/

編集長：折居かおる　副編集長：堀明研斗　企画担当：大羽孝志／千代 寧

※本書は2013年発行の『もっと強くなれる！勝つ柔道　固め技のコツ55』を元に加筆・修正を行っています。